Passé et Présent de la Culture Arabe

Ou

Tradition, Modernité et Conservation d'Identité, selon Djubrān Khalīl Djubrān (1883-1931), à l'image de la Renaissance Européenne

Tradition und Modernität
in der arabischen Welt – gestern und heute

Tradition et modernité
dans le monde arabe – hier et aujourd'hui

Tradition and Modernity
in the Arabic World – Past and Present

Éditeurs:

Paul KHOURY
Beyrouth

Raif Georges KHOURY
Heidelberg

Études

I

deux mondes

Raif Georges Khoury

Passé et Présent de la Culture Arabe

Ou
Tradition, Modernité et Conservation d'Identité, selon Djubrān Khalīl Djubrān (1883-1931), à l'image de la Renaissance Européenne

1997
deux mondes

Die Deutsche Bibliothek — CIP-Einheitsaufnahme

Khoury, Raif Georges:
Passé et présent de la culture arabe ou tradition, modernité et conservation d'identité, selon Djubran Khalil Djubran (1883 - 1931), à l'image de la renaissance européenne / Raif Georges Khoury. - Neckarhausen : Deux Mondes, 1997
(Tradition et modernité dans le monde arabe - hier et aujourd'hui : Etudes ;1)
ISBN 3-932662-00-8

Verlag und Versandbuchhandlung Martin Schmidt
Neckarhausen
Umschlaggestaltung: GPS Ladenburg
Ausdruck mit freundlicher Unterstützung des RB CAD
ZeichenService Heidelberg
Druck: Imprimerie St.Paul, Jounieh (Libanon)

ISBN 3 932662 00 8

«Auch in den Wissenschaften ist alles ethisch, die Behandlung hängt vom Charakter ab».

(Dans les sciences tout est éthique aussi, mais comment les traiter dépend du caractère).

Goethe

Avant-Propos

L'auteur du livre *The Prophet*[1]/*Le Prophète* est un des auteurs les plus lus et traduits de la littérature arabe moderne, dans son ensemble. Faut-il oublier que ce fameux ouvrage a eu jusqu'à présent «des dizaines de millions d'exemplaires vendus à travers le monde, pas moins de cinq traductions différentes rien qu'en français», note Dahdah dans le travail biographique le plus complet et le plus récent qui soit connu sur cet écrivain.[2] Et Dahdah s'efforce de donner une explication à «ce succès incroyable qui fait de ce livre une des bibles de notre siècle», qui justifie «cet engouement»: son succès, selon lui, réside dans le fait «que Gibran, en nous donnant ce chef-d'œuvre, nous a offert aussi le livre de morale utile à notre temps: en cela il a comblé un manque criant... Le besoin d'une éthique de vie simple et tolérante, ouverte sur l'intérieur de soi et sur le monde d'autrui, accueillant la magie de l'existence, les joies et tristesses du temps qui passe, rappelant les grands principes éternels d'un comportement juste et sage, la nécessité d'une telle morale, pleine de bon sens et hors institution, a perduré jusqu'à aujourd'hui».[3]

Ce que Dahdah nous apporte là, s'applique à l'engouement pour le livre, dans d'autres pays et d'autres langues aussi,[4] où

---

1 Paru pour la première fois en langue anglaise à New York 1923.

2 Jean-Pierre Dahdah, Khalil Gibran. Une biographie. Albin Michel, Paris 1994.

3 Ibid., 9, 1 sqq.; Dahdah lui-même en a donné une des toutes dernières traductions françaises: Le Prophète. Ed. du Rocher, Paris 1993, et: L'œil du Prophète: anthologie, réalisée par Jean-Pierre Dahdah. Albin Michel, Paris 1991.

4 En allemand par exemple, il n'en est pas autrement; en particulier il faut attirer l'attention sur les grands mérites de la Maison d'édition Walter-Verlag, Olten (Suisse) et Freiburg (Friebourg en Allemagne), secondée par Madame Ursula Nowak-Assaf et son époux, qui ont livré dans les dernières années la traduction de plusieurs œuvres de Djubrān lui-même, et aussi de livres sur lui, v. p. ex. Das Khalil Gibran Lesebuch; ou encore, paru cette fois chez Goldmann Verlag, Munich, Das große Khalil Gibran Lesebuch, etc.

son succès est vraiment «incroyable», comme on peut le constater au nombre de traductions complètes ou partielles, qui ne cessent d'envahir les marchés à travers le monde, surtout occidental. L'objet de mon nouveau travail sur Djubrān est bien de montrer comment l'auteur *du Prophète* est resté jeune, actuel, non seulement dans ce dernier livre, qui ne fera pas l'objet de mon étude ici, mais dans tout ce qu'il a écrit sur la situation culturelle et sociale des pays arabes, souvent à travers des réflexions générales touchant sa patrie, dans laquelle il a vu non seulement le Liban seul, mais aussi, comme on le verra clairement par la suite, tous les autres pays autour. Le titre donné au livre susmentionné n'a pas été choisi au hasard, et toute son œuvre pourrait le porter, comme titre global. Car, en définitive, il sent en lui une véritable mission prophétique, au sein de sa nation, que lui seul peut renouveler, en lui conservant son passé prestigieux qu'il intègre au présent de manière harmonieuse, sans discontinuité, ni faille. Il sera question donc de sa vue de la culture arabe dans son ensemble, et des solutions qu'il veut présenter à ses problèmes, toujours en gardant le passé, le présent et le développement à venir sous ses yeux. Sa vue culturelle ne peut, on le verra plus clairement ici, se passer de comparaisons, de rapprochements et de conseils sages à l'adresse des arabes, dont il veut défendre les acquisitions culturelles, d'une manière intransigeante, avec une vibration de poète, de magicien, de prophète qui veille sur le monde à sauver, à renouveler.[5] On le voit déjà par là: un point d'approche que n'ont pas toujours partagé les auteurs modernes, surtout ceux de sa génération, comme en particulier Salāma Mūsā,[6] qui oppose l'homme de science à l'homme de lettres, et qui s'est proposé de manière très

---

5 On aura au cours des chapitres à revenir sur de telles idées, surtout dans le chapitre V, et aussi à comparer ce que l'Europe, surtout la France, offre dans ce domaine, depuis l'époque de la Révolution Française; là-dessus les livres de Paul Bénichou seront d'un intérêt particulier, car déjà leurs titres, établis de manière entièrement indépendante du passé arabe qui ne lui est pas familier, comme il me l'a affirmé, nous livrent une matière de comparaison, spécialement riche.

6 Sur lui v. Y.A. Dāghir, *Maṣādir al-dirāsa l-adabiyya*, III/1, 552-558.

décidée d'appartenir plutôt au groupe des premiers, car, selon lui, la première catégorie apporte le plus «d'audace dans l'innovation et l'étude des voies scientifiques». Son modèle est donc l'homme de science créatif et audacieux, et non celui qui représente la culture, surtout traditionnelle en Orient, et pas du tout le poète, duquel lui-même est bien loin, et dans sa manière d'aborder le monde, et dans son style.[7]

Comme point de départ je prendrai des textes qui traitent de certains auteurs classiques et modernes de la culture arabe et islamique, déjà publiés dans l'édition des œuvres complètes de Beyrouth, connue sous *al-Madjmūʿa al-kāmila*,[8] auxquels je joins d'autres pris au volume, paru il y a peu, d'Antoine al-Qawwāl,[9] également à Beyrouth, en tenant compte de travaux complémentaires, comme sa correspondance avec Mary Haskell, commentée par T. Ṣāyigh,[10] et dont on a une édition, de sa correspondance avec Mayy Ziyāda[11] etc... Au fond du problème nous pouvons enregistrer une attitude constamment maintenue chez l'auteur, en ce qui concerne la culture arabe en général, qui ne varie que dans des nuances à travers les années et se voit renforcée par

---

7 Salāma Mūsā, *Mā hiya l-nahḍa*, 49.

8 Il s'agit de l'édition de Dār Ṣādir, Beyrouth, 1966. Elle est, comme celle de *Mu'assasat Baḥsūn*, Beyrouth 1992, en deux volumes: *Al-Mu'allafāt al-kāmila. Al-Mu'allafāt al-ʿarabiyya* (vol. 1). Al-*Mu'allafāt al-muʿarraba* (vol. 2). La première est accompagnée d'une introduction de l'écrivain libanais, ami de l'auteur, Mikhā'īl Nuʿayma, la dernière d'une étude générale de l'arabisante Nāzik Sābā Yārid (cette dernière éd. a été employée ici, à cause de sa plus grande disponibilité à travers le monde).

9 Antoine al-Qawwāl est un fonctionnaire de la haute administration libanaise, placé à la tête du district de Bcharri (Bsharrī) (*qā'immaqām*), lieu natal de l'auteur; de plus il est connu comme poète, et Emile Nāṣīf nous donne dans son livre *Dīwān al-ḥubb wa-l-ghazal*, 348-349, quelques extraits de sa poésie. De là son intérêt particulier pour son compatriote Djubrān.

10 Mary Haskell, Beloved Prophet... réunie par Virginia Ḥulw, trad. arabe par Laurent Fāris: *Nabī al-ḥabīb. Rasā'il al-hubb... maʿ Mudhakkirāt* Mary Haskell (v. bibliographie). Et sur les commentaires, v. Taufīq Ṣāyigh, *Aḍwā' djadīda ʿalā Djubrān.*

11 Publiée sous le titre: *Al-Shuʿla l-zarqā'...* éd. par Salmā al-Ḥaffār al-Kuzbarī et Suhayl B. Bushru'ī. De plus une autre collection de lettres, éd. par Riyāḍ Ḥunayn, *Rasā'il Djubrān al-tā'iha.*

toutes ses lectures multiples d'adulte surtout, entré en contact avec les cultures occidentales, en Amérique, en France et dans d'autres pays européens.

En étudiant les textes dispersés ça et là dans les collections mentionnées ci-dessus, nous pouvons distinguer plusieurs rubriques dans lesquelles Djubrān aborde des questions se rapportant au sujet traité ici. J'en note les principales, qui seront étudiées dans les chapitres suivants:

I- Des auteurs classiques et modernes du monde arabo-musulman.

II- Des auteurs occidentaux.

III- Une prise de position concernant la culture arabe en général.

IV- Langue et société chez Djubrān.

V- La place particulière accordée au génie poétique, à la création et à la créativité dans la société.

VI- Les appels de Djubrān à l'Orient. Ou la religion de la culture et l'amour de la patrie.

VII- Les appels aux réformes: Djubrān et la Renaissance arabe moderne.

VIII- Djubrān apôtre d'une culture et d'une identité performantes.

Comme on peut le constater, d'après le choix de ces thèmes, il ne s'agit pas d'une étude d'ensemble sur l'auteur, sur lequel il y a un certain nombre de travaux scientifiques, depuis surtout le livre de Hawi,[12] mais d'un regroupement nouveau de certains textes, plus ou moins connus, classés et analysés dans une nouvelle perspective, en vue de montrer comment il conçoit la cul-

---

12 Khalil Hawi, Gibran Kahlil Gibran, et, Essays and Introduction, avec version arabe presque 20 ans après, qui apporte la forme habituelle de transcription Khalil dans le titre.

ture dans la société, les moyens efficaces de la conserver, dans l'intégrité de l'identité de la personnalité, et combien ce grand génie reste vivant par sa pensée et sa valeur culturelle, hautement humaine. Un guide pour l'esprit individuel et social, en lutte avec la désintégration de son identité. Un guide qu'il faut prendre au sérieux, parce qu'il a quelque chose de substantiel à dire, et non seulement «la première lettre d'un mot», comme il a qualifié son «Prophète», dans une lettre à Mayy Ziyāda[13], du 3 décembre 1923. Dans tous les domaines importants de la vie culturelle et sociale en Orient. Un guide qui veut sauver l'équilibre de l'être, par une culture et une spiritualité sans pareilles, en présentant au monde arabe moderne, actuel, en mutation permanente, de quoi harmoniser les différentes composantes de son être, aussi bien intérieur qu'extérieur. C'est pourquoi, et, vu la valeur pluridimensionnelle, de très haut niveau, des idées posées et discutées dans son œuvre, on aimerait, dans ces quelques chapitres, mettre à la disposition des lecteurs, y compris les non-arabisants qu'intéressent les interpénétrations culturelles, le fruit de certaines de ses réflexions. Celles-ci sont en effet capables de faire bouger le monde dans un sens plus constituant, plus harmonisant et donc plus cultivé et cultivant. De là l'intérêt de motiver grâce à elles, l'attention surtout des jeunes chercheurs sur cet écrivain, poète, philosophe et peintre, qui a marqué fortement toute une génération d'intellectuels après lui, dans différents domaines, sans qu'on puisse toujours voir une filière d'influence à ce sujet, *expressis verbis*.

Djabrān, Djubrān, Gibran

Quant à la forme de transcription de son nom, elle donne matière abondante à la réflexion, car il y a, disons-le clairement, de quoi semer le trouble à voir les manières si variées de la reproduire. D'abord la forme arabe, telle qu'elle est connue par tous, et telle qu'il l'a toujours employée lui-même, est (non vocalisée): Djbrān Khlīl Djbrān. Or, le second nom, celui de son

---

13 *Al-Shuʿla l-zarqāʾ*, 153, 7.

père, est simple, et dans l'arabe littéral et dans le dialecte libanais: Khalīl;[14] pourquoi alors employer une autre forme, même si lui avait commencé par l'employer, pour aider son entourage américain à la prononcer plus aisément, sans la massacrer? Si lui avait été la cause de la forme adaptée au milieu américain (Kahlil) et, de plus, raccourcie en Kahlil Gibran, c'est que l'un de ses instituteurs d'anglais lui avait conseillé de raccourcir son nom ainsi, pour le faciliter au milieu.[15] Quant au premier nom, il offre plus de difficulté. Si j'ai choisi Djubrān, c'est pour respecter l'esprit de sa forme vivante au Liban, laissant de côté celle des orientalistes, qui optent pour la forme participiale en *faʿlān* (celui qui a la force, le pouvoir de faire quelque chose). Car cette dernière-ci reste, malgré tout, non convaincante, car au Liban des noms sur ce modèle participial ont une tout autre vocalisation, dite dialectale, qui devrait conditionner leur vie, à l'intérieur et à l'extérieur: Djubrān, qui a donné naissance à Djibrān (et de là à: Gibran/Jibran/Dschibran). Et il est intéressant d'attirer l'attention sur le fait que ceci est un phénomène tout à fait normal dans le groupe de dialectes, auxquels appartiennent les libanais: une voyelle courte *u* devant deux consonnes tourne en voyelle centralisée (allem.: *Schwa*), ce qui a donné la forme en *i*, employée déjà par l'auteur lui-même en Amérique, faute de mieux. Mais, imposer une forme qui n'est pas habituelle dans le pays d'origine, n'est pas sensé; et cela ressemble à la tentative d'harmoniser toutes les formes de noms allemands, qui n'ont pas pris l'Umlaut (par exemple *ue*, au lieu de *ü* donc) répandues en Suisse, en Bavière ou en Autriche (p. ex. Hueber, ou Lueger-Ring, au lieu de Hüber et Lüger-R.); ce qui est évidemment valable aussi pour d'autres formes dans d'autres langues européennes... Djubrān serait donc la forme littéraire la plus adaptée à la phonétique libanaise de ce nom, d'autant plus que cette forme participiale apparaît dans d'autres noms, comme

---

14 Selon la coutume orientale, le nom du père est donné (en général) après celui du prénom de la personne en question.

15 Là-dessus, v. Barbara Young, This man from Lebanon, trad. allem., 21, note.

celui du compatriote de notre auteur: Muṭrān Khalīl Muṭrān[16] (Maṭrān chez les orientalistes), poète libanais bien connu, surtout que le terme *muṭrān* (d'origine grecque, par l'intermédiaire de l'araméen) est employé tous les jours en Orient[17], naturellement avant tout chez les chrétiens arabes, pour désigner l'évêque; à côté d'*usquf*, qui vient aussi du grec.[18]

Ainsi on a le choix entre l'arabe classique pur, et l'arabe littéral en provenance du dialecte. J'ai opté pour la forme vivante donc. Néanmoins, en Allemagne, il faut rester spécialement prudent, car, si l'on emploie Gibran, il y a un grand risque de prononcer le nom à la manière allemande (comme Guibran, ce qui n'est pas du tout correct; et avec le *j* [Jibran] non plus, puisque cette lettre se prononce en allemand comme un *y*). Dans tous les cas il faut mentionner les trois noms, tels que je les amène dans le titre de ce livre, et non Khalil Gibran seulement, comme l'apporte Dahdah.[19]

Abréviations: il s'agit de certaines qui reviennent souvent dans le texte: chap.: chapitre(s); cf.: confer/comparez; p. ex.: par exemple; s.d.: sans (mention de) date; s.l.: sans (mention de) lieu.

Système de transcription: quelques changements au système employé par les orientalistes et répandu p. ex. en Allemagne et en France: ǧ = dj; ġ = gh; ḫ = kh; š = sh; ṯ = th.

16 Sur lui v. Y.A. Dāghir, *Maṣādir al-dirāsa l-adabiyya*, II, 676-682.
17 Sur ce terme, v. G. Graf, Verzeichnis kirchlicher Termini, 106-107.
18 Sur ce terme, v. ibid., 8.
19 Dahdah, Khalil Gibran. Une biographie.

I- Des auteurs classiques et modernes du monde arabo-musulman.

Dans son livre *al-Badā'i' wa-l-ṭarā'if* , publié pour la première fois[20] en 1923, Djubrān a laissé de petites études sur des auteurs classiques et modernes que nous allons passer en revue:

1- Ibn Sīnā[21] qu'il aborde en fonction de son poème sous le titre: *Ibn Sīnā wa-qaṣīdatuhu.*[22] Bien sûr qu'il s'agit du poème sur la descente platonicienne de l'âme, qu'il commence par une mise en scène spectaculaire, le mettant au-dessus de tout ce qui correspond au mieux à ses tendances et ses convictions personnelles, dans tout ce qu'ont laissé les anciens comme poèmes: un poème noble (*qaṣīda nabīla*), qui touche tout ce qu'il y a de profond dans la pensée et l'imagination de l'être humain, engendré par le processus de la connaissance. L'auteur s'étonne de voir ce «génie de son temps» (*nābiġat zamānih*) arriver à des résultats si étonnants dans ce domaine, lui qui avait passé sa vie à «scruter les secrets des corps et les spécificités de la matière première. C'est comme si, dit-il, Ibn Sīnā était arrivé, par la voie de la matière, à atteindre les fins fonds de l'âme et à saisir les choses rationnelles voilées par les choses visibles; de telle manière que son poème est une preuve éclatante en faveur du fait que la science est la vie de l'esprit, qu'elle conduit son homme des expériences pratiques vers les théories rationnelles, vers le sentiment spirituel, vers Dieu».

---

20 V. p. ex. la liste bibliographique de Dahdah, Khalil Gibran, 454, éd. par Yūsuf al-Bustānī, *al-Maṭba'a l-'aṣriyya*, le Caire, et *al-Mu'allafāt al-kāmila*, I, 31.

21 Ibid., 539-541.

22 Poème connu sous *al-'Ayniyya*, commenté et cité dans plus d'un livre de philosophie arabe, v. p. ex. K. al-Yāzidjī/A.Gh. Karam, *A'lām al-falsafa l-'arabiyya*, 566-567, surtout F. Khulayyif: *Ibn Sīnā*, 127 sqq., avec tout le poème et son commentaire détaillé:
Habaṭat ilayka mina l-maḥalli l-arfa'i   warqā'u dhātu ta'azzuzin wa-tamannu'i.

Peu de mots, mais très denses dans leur portée. L'humaniste, qu'il est, ajoute dans un autre volet de réflexions sur ce sujet quelques petits fragments, reproduisant quelques vers d'Ibn Sīnā, avec des renvois à des passages sur le même thème chez Shakespeare, Shelley, Browning (sans doute Robert et non sa femme Elizabeth, puisque le verbe est au masculin) et chez Goethe lui-même, sans cependant apporter les textes de ces auteurs européens aussi. Néanmoins Ibn Sīnā les a tous devancés de loin, conclut-il, puisqu'il est arrivé à mettre, des siècles avant eux tous, «dans un seul poème ce qui est tombé dans des images disloquées et des idées différentes à des époques variées. Ceci fait de lui le génie de son époque et de celles qui sont venues après lui, et de son poème ce qu'il y a de plus profond et de plus noble, composé sur ce qu'il y a de plus noble et de plus profond comme sujet».[23] On peut, de plus, comprendre cet engouement pour Avicenne, d'autant plus que tout chez le poète Djubrān ressemble à la descente du monde des idées (chez lui des esprits), avec en définitive la même aspiration à revenir vers ce monde, la vraie patrie des esprits des poètes, comme on le verra plus loin.[24]

2- Al-Ghazālī.[25] Il suit directement au premier penseur. On y voit la même concision, puisque l'article est à peu près de la même dimension. Djubrān étale ici les différentes couches de sa culture polyvalente, encyclopédique. C'est avec Saint Augustin, cette fois, qu'il lui découvre des affinités spirituelles: «tous les deux présentent deux perspectives pour un même principe, malgré l'éloignement entre leurs deux époques, leurs deux milieux et les différences confessionnelles et sociales. Quant au principe, il s'agit d'une tendance naturelle à l'intérieur de leur âme, qui conduit leur être, pas à pas, des choses visibles et de leurs formes extérieures vers les choses rationnelles, vers la philosophie et les choses divines».[26]

---

23 Ibid., 541.

24 Dans chap. V, n^{os}, 4 et 6.

25 Ibid., 542-543.

26 Ibid., 542, 1-4.

Al-Ghazālī, écrit-il, s'est isolé du monde, «recherchant profondément les menus fils qui relient les derniers résultats de la science avec les premiers moments de la religion, en quête scrupuleuse de ce récipient voilé, dans lequel se mélangent les facultés intellectuelles des hommes et leurs expériences avec leurs sentiments et leurs rêves. Ainsi fit Saint Augustin aussi, cinq siècles avant lui: celui qui lit son livre 'Les Confessions', voit qu'il s'est servi de la terre et de ses données comme une échelle, pour monter vers la conscience de l'existence suprême».[27]

L'auteur d'*al-Badā'i' wa-l-ṭarā'if* ne s'arrête cependant pas là, puisqu'à ses yeux le théologien musulman reste « plus proche des substances des affaires et de leurs secrets que Saint Augustin. La cause revient à la différence dans l'héritage acquis par les deux: le premier étant l'héritier des théories scientifiques arabes et grecques qui ont précédé son temps, le second celui des sciences théologiques qui occupaient les pères de l'Eglise au deuxième et au troisième siècles J.C.». Par «héritage» il entend «cette affaire qui se transmet avec le temps d'une pensée à une autre, de la même façon avec laquelle certaines qualités corporelles restent collées à l'aspect extérieur des peuples de siècle en siècle».[28]

De plus, notre auteur trouve chez al-Ghazālī «de quoi faire de lui un anneau d'or qui relie ceux qui l'ont procédé d'entre les mystiques de l'Inde avec ceux qui l'ont suivi d'entre les théologiens: dans ce à quoi est arrivée la pensée des bouddhistes autrefois il y a quelque chose des tendances d'al-Ghazālī, et dans ce qu'ont écrit Spinoza et William Blake récemment quelque chose de ses sentiments...»[29]

Ensuite Djubrān passe à la popularité dont jouit son auteur chez les orientalistes et les savants occidentaux, qui «le mettent, ensemble avec Avicenne et Averroès, au premier plan des philosophes orientaux. Les spiritualistes (théologiens) parmi eux le considèrent comme l'idée la plus noble et la plus élevée parue en

---

27 Ibid., 542, 5-11.
28 Ibid., 542, 12-17.
29 Ibid., 542, 18-20.

Islam». Comme preuve de cette expérience étonnante, il mentionne avoir «vu al-Ghazālī figurer sur les murs d'une église de Florence, construite au XVe siècle, parmi les peintures représentant d'autres philosophes, saints et théologiens, que les chefs de l'Eglise comptent comme soutien et piliers dans le temple de l'esprit absolu».[30]

Ce qui l'étonne le plus dans tout cela est que les occidentaux savent beaucoup plus sur al-Ghazālī que les orientaux, car les premiers «traduisent et fouillent ses enseignements et jettent un regard minutieux sur ces tendances philosophiques et ses objectifs mystiques: Quant à nous, qui continuons à parler la langue arabe et à l'écrire, combien peu nous mentionnons al-Ghazālī et nous parlons de lui. Nous sommes toujours épris de coquillages, comme si les coquillages étaient tout ce qui sortait de la mer de la vie vers les rivages des jours et des nuits».[31]

3- Ibn al-Fāriḍ.[32] Il le qualifie de «poète théologien», dont «l'âme assoiffée s'abreuve du vin de l'esprit, s'enivre, puis erre, nageant, déployant ses ailes dans le monde des choses sensibles, où tournoient les rêves des poètes, les envies des amoureux et les désirs des mystiques. Puis cette âme est surprise par le réveil, et elle retourne au monde des choses visibles, pour enregistrer ce qu'elle a vu et entendu avec une belle langue impressionnante, qui ne manque cependant pas parfois de cette complication lexicale, connue sous le nom d'*al-badīʿ*, qui n'a rien affaire à mon sens avec *al-badīʿ*.

Si l'on met néanmoins cet aspect artificiel (de la langue) d'(Ibn) al-Fāriḍ de côté, et l'on considère son art pur et ce qui se cache derrière cet art comme phénomènes psychiques, on le voit comme un prêtre dans le temple de l'esprit pur, comme un émir dans l'empire de l'imagination vaste et comme un commandant dans l'armée grandiose des mystiques, cette armée qui marche de manière décidée et lente vers la Ville de la Vérité, qui vainc sur

30 Ibid., 543, 1-4.
31 Ibid., 543, 5 sqq.
32 Ibid., 556.

sa route les petitesses de la vie et ses choses sans valeur, et qui fixe son regard sur le prestige de la vie et sa grandeur».[33]

Djubrān attire l'attention sur «le manque d'innovation de tout l'entourage d'Ibn al-Fāriḍ à l'époque, dans le domaine rationnel et spirituel, (entourage) rempli de gens tournés vers l'imitation et les traditions, soucieux de questionner et d'éclairer ce que l'Islam avait laissé comme monuments littéraires et philosophiques glorieux. Mais le génie – et le génie est un miracle divin – est descendu sur le poète de Ḥamā, et c'est ainsi que celui-ci s'est isolé de son époque et de son milieu, et s'est replié sur lui-même, pour composer ce qui lui apparaissait, sous forme de vers éternels qui jettent le pont entre ce qui devient visible de la vie et ce qui en reste caché».

Et malgré l'inégalité dans la force que Djubrān constate entre Ibn al-Fāriḍ et les poètes préislamiques d'un côté, et dans le charme entre lui et ceux des époques plus classiques d'un autre, il conclut «qu'il y a dans sa poésie ce dont les premiers n'ont pas pu rêver et que les suivants n'ont pas pu atteindre».[34]

Voilà ce qu'on l'on trouve dans les œuvres complètes; au prime abord peu de chose. On en verra la valeur plus tard. Quant aux textes publiés récemment par al-Qawwāl,[35] ils nous apportent quelques pages de plus sur quatre auteurs classiques et modernes, cette fois de manière un peu plus étoffée. On passera d'abord en revue les classiques d'entre eux, avant d'aller vers les différentes correspondances disponibles de Djubrān pour avoir un tableau global, concernant les aspects essentiels de ses relations avec l'Orient et les orientaux, et pouvoir ensuite passer à l'Occident et les occidentaux. Je commence par les classiques, et j'amène les modernes derrière eux, et ceci d'après les deux sources avec lesquelles nous avons affaire ici:

---

33 Ibid., 556, 1-11.

34 Ibid., 556, 12 jusqu'à la fin de la page.

35 Ils seront cités tout simplement sous le nom de leur éditeur, plus *Nuṣūṣ*...

4- Abū l-ʿAlāʾ al-Maʿarrī,[36] auquel il consacre deux chapitres, plus longs que ce qu'il avait fait à ceux des numéros précédents, l'éditeur les numérote et nous suivrons sa numérotation:

Abū l-ʿAlāʾ 1: semble avoir été écrit à l'occasion de la commémoration du 10e centenaire de sa mort, alors que le poète-philosophe «est resté, dit-il, vivant de par la vie de la pensée humaine et existant de par l'existence de l'Esprit Absolu».[37] Il n'a pas besoin d'être glorifié et honoré, car quoique l'on fasse dans ce domaine, on ne peut pas le vénérer, «après l'écoulement de dix siècles à sa libération de la despotie de la vie et de l'obscurité du corps; mais nous pouvons prendre son nom grandiose comme moyen pour nous honorer nous-mêmes, pour ériger, à partir de ses traits nobles de caractère, des institutions pour nos caractères et pour bâtir des aspects de son âme éternelle des temples pour nos esprits». Comme de petits enfants assoiffés et affamés qui viennent trouver auprès de lui de quoi boire et manger. Comme des gens affolés de peur la nuit, qui viennent chercher chez lui les armes spirituelles efficaces pour se défendre; «l'Orient, ajoute-t-il, a-t-il inventé, parmi les armes spirituelles, une épée plus tranchante que le nom d'Abū l-ʿAlāʾ, ou une lance plus dure que sa conscience? Quelle idée est apparue en Syrie qui soit plus intelligente que celle d'al-Maʿarrī? Y at-il eu dans l'Islam ou dans le Christianisme un esprit qui s'est révolté contre les illusions des siècles et de leurs traditions, avant que l'esprit d'al-Mʿarrī ne se soit révolté contre elles?»[38]

Puis Djubrān s'évertue, avec des mots si poétiques, à attribuer à son modèle spirituel les qualificatifs les plus beaux que l'on puisse donner à un écrivain de ce rang:

«Une voix terrible par sa douceur, douce par sa terreur; elle se lève (sur des distances) de milles vers les théâtres de l'imagination absolue, puis descend avec les désirs vers les tri-

---

36 Les deux textes sont amenés sous le titre: Abū l-ʿAlāʾ al-Maʿarrī I , v. al-Qawwāl, *Nuṣūṣ khāridj al-madjmūʿa*, 40-42, et: Abū l-ʿAlāʾ..., ibid., 43-45.

37 Ibid., 40, 1-2.

38 Ibid., 40, 3 sqq.

bunes de la vérité pure. Une voix à laquelle s'harmonisent le bruit des vagues avec les soupirs des roses, et le retentissement des tempêtes avec le chant des rossignols. La voix d'un poète aveugle. La voix d'un souffrant révolté. La voix d'un fier endurci. La voix d'un roi des rois de l'esprit. La voix d'un syrien bien protégé que le temps ne fera pas taire, jusqu'à ce que la mer inonde la Péninsule Arabique, et que la mort anéantisse le dernier arabe sur la face de la terre».[39]

«Le destin», dit-il, laisse cette grandeur en héritage, c'est ainsi que «nous devons, alors que nous avons besoin d'un homme pour nous vanter de lui, tirer fruit de cette grandeur et apprendre à notre postérité comment en profiter», lui apprendre à ériger «une statue digne pour Abū l-ʿAlāʾ, vers laquelle elle regarde et à l'ombre de laquelle elle vient chercher sa protection, vers laquelle elle fait signe s'élevant au-dessus des autres, lorsque l'avenir la réunira avec les fils et les petits-fils de ceux qui se vantent de Shakespeare, de Dante, de Milton et de Goethe».[40]

Il demande, comme dans un testament pieux, à tous les syriens, de participer avec lui à l'accomplissement de cette tâche: il parle là de «projet», de «repayer une dette que la vie a créée et nous a imposée vis-à-vis de nous-mêmes». Que chacun y contribue à sa manière, continue-t-il; mais celui qui n'a rien à y contribuer, en quoi que ce soit, ni par «son argent», ni par «son cœur», ni par «son amour», «à celui parmi vous, que la vie n'a pas doté d'argent, que la vie n'a pas muni de cœur et auquel Dieu n'a insufflé aucun enthousiasme, je dis: 'tu n'es pas un syrien, et la Syrie n'a pas besoin de tes semblables».[41]

Le journal *Mir'āt al-Gharb*, qui lui avait publié ce discours, comme le note l'éditeur al-Qawwāl, le 18 juin 1914, termine en

---

39 Ibid., 41 , 1 sqq.
40 Ibid., 41 , 8 sqq.
41 Ibid., 41, 14 sqq.

insistant sur l'importance du mot de Djubrān, auquel il faut répondre par la positive, en érigeant la statue qu'il a exhorté à ériger.[42]

Abū l-ʿAlā' 2: ajoute à cette commémoration quelques réflexions sur la pensée de cet auteur, qui semble incarner quelque chose de l'idéal et de la situation de révolté, d'isolé qu'était devenu Djubrān. Ecoutons-le décrire ce processus en si peu de mots:

«Il était un aveugle parmi des voyants, et un voyant parmi des aveugles. Cette situation l'a conduit à l'isolement, au désordre, à la tristesse, au doute et à la révolte». Il s'est insurgé contre les superstitions et l'abandon aux illusions de la vie, et c'est là «qu'il s'éleva, au milieu des spectres de ses pensées, blasphémant le nom de la vie, dans une époque soumise à la volonté des jours et des nuits, comme les éléments non munis d'intelligence sont soumis à la force de la continuité. Il était un poète révolté et n'était pas un philosophe, car le philosophe soustrait les apparences à l'existence, qui lui paraît alors dénudée et absolue; alors que le poète la perçoit, au milieu d'un champ de mesures poétiques sonnantes et de pensées originales. Al-Maʿarrī n'a pas développé une philosophie absolue, mais il a développé une poésie absolue».[43]

Et comme pour excuser ce manque philosophique chez son auteur, il se demande si quelqu'un a jamais pu donner cours à une philosophie absolue. Car «la philosophie n'est-elle pas comme les habits, changeant avec les siècles et se modelant selon les goûts?» Le philosophe n'est capable d'arrêter le cortège de la vie qu'«une minute, par le moyen d'une idée originale, ou d'un enseignement nouveau... Le poète, par contre, marche avec lui en chantant, en écrivant ses poèmes d'amour, ses élégies, en décrivant, et en louant; et s'il s'éloigne (de ce cortège), celui-ci se moque de lui, mais s'il reste derrière ses traces, il le conduit à son temple le plus sacré et le couronne de laurier. La vie a cou-

---

42 Ibid., 42, et la note de la page.

43 Al-Qawwāl, *Nuṣūṣ khāridj al-madjmūʿa*, 43, 1 sqq.

ronné Abū l-ʿAlāʾ de feuilles de laurier, mais ne l'a pas regardé comme philosophe. La vie se révolte même contre les révoltés».[44]

5- Abū Nuwās:[45] un autre «géant des géants révoltés, un héros des héros de l'esprit et un combattant vaillant de la liberté, qui sont nés avant leur temps, dans un milieu qui ne les a pas appréciés à leur juste valeur; c'est pourquoi ils endurèrent la partialité, luttèrent en faveur de la libération de la flamme de l'esprit des chaînes de la despotie et des ténèbres et périrent. Cependant le produit de leurs talents libres ne périt point».[46]

Djubrān avait commencé, dans sa première ligne, par citer al-Shāfiʿī, qui aurait puisé dans son savoir, s'il n'y avait pas son *tahattuk* (impudence). Or c'est justement contre cette vue d'un poète impudent, au mot ironique, amusant et auquel on attribue des actions insignifiantes qui ont poussé quelques-uns à lui coller le qualificatif de «bouffon du calife», que notre auteur se dresse, pour corriger ces idées. Car, «en réalité, Abū Nuwās n'était pas un bouffon, comme l'entend la masse des gens, et sa vie n'était pas en entier vouée à être celle d'un commensal des califes, mais il était un poète illustre et un penseur libre, qui n'avait pas de crainte d'avancer, dans ses vers, des mots libres et des opinions justes que personne avant lui n'osait exprimer. Ainsi il accomplit les tâches du vrai poète que les dieux et les hommes rendent immortel, il était le premier en Islam à adopter l'attitude d'un géant devant les phalanges des superstitions, des traditions débiles et devant ce qui est futile dans les croyances des religions et des lois, et il leur donna des coups qui firent trembler les extrémistes parmi les pieux, les fanatiques et les conservateurs, qui ne tardèrent pas, à leur tour, d'attribuer à ce poète grandiose les surnoms de 'le rejeté, l'incroyant et le maudit' et d'autres encore».[47]

---

44 Ibid., 43, 3 d'en bas -44.
45 Ibid., 66-68.
46 Ibid., 66, 2 sqq.
47 Ibid., 66, 6 sqq.

La défense d'Abū Nuwās se fait de manière plus systématique, en attirant l'attention sur son rôle de «chef d'un mouvement intellectuel poétique, qui vint après la période de stagnation ... Ainsi le rôle d'Abū Nuwās fut un rôle qui a amené de la prospérité à la poésie arabe, qui s'est débarassée un peu de ses chaînes, et à la liberté intellectuelle aussi». C'est ainsi que se groupa autour de lui un nombre de poètes, qui l'imitèrent et «introduisirent (avec lui), dans la littérature arabe, une nouvelle phase, dans laquelle ils contredirent les règles tyranniques observées et les lois de fer».[48]

De plus, ajoute Djubrān, «Abū Nuwās s'est distingué par son amour de la vie et son élan vers tout ce qui est beau, énivrant et illuminant, ce qui fait qu'il devança ʿUmar al-Khayyām dans son enseignement de plusieurs centaines d'années; et al-Khayyām n'a fait, en réalité, que prendre d'Abū Nuwās, en l'imitant. Néanmoins la poésie du premier est restreinte à un seul genre, alors que celle d'Abū Nuwās ne laisse aucun genre, sans frapper à sa porte, comme chez tous les grands poètes, qui descendent vers les gens du haut de leur ciel ce que leur sentiment crée comme sagesse mûre, comme principe magnifique, comme description inspirant le désir, comme plaisanterie égayante, comme sentiments délicats et pensées fines».[49]

Peut-on écrire de meilleures impressions sur le génie de ce grand poète classique? Djubrān attire particulièrement l'attention sur son importance extraordinaire, dont la poésie perdue, sciemment détruite, à cause de ce qu'elle contenait comme «cris de l'esprit libre, jaillissant et révolté», aurait donné des «merveilles» à la Bibliothèque Arabe. C'est ainsi qu'il ne nous est arrivé, dit-il, qu'un seul Divan du poète, dans lequel le critique peut observer facilement que beaucoup de poèmes bouffons ont été attribués faussement à lui. Cependant l'auteur d'*al-Badāʾiʿ wa-l-ṭarāʾif* ne nie pas «que le large usage que fait le poète de la liberté l'a amené vers la bouffonnerie, mais les transmet-

---

48 Ibid., 67, 1 sqq.
49 Ibid., 67, 11 sqq.

teurs, après lui, se mirent à lui attribuer tout poème bouffon, quelque stupide ou bas ait été son niveau». Abū Nuwās, conclut-il, est mort «comme martyr de la liberté. Et il appartenait à l'avant-garde des combattants de l'esprit».[50]

6- Le quatrième écrivain dans *al-Badā'iʿ wa-l-ṭarā'if* est cette fois un moderne, contemporain à Djubrān: Djurdjī Zaydān[51] que l'auteur amène après al-Ghazālī dans son livre. Il semble avoir été écrit en commémoration de la mort de son compatriote qui était venu s'installer, avec sa revue *al-Hilāl* au Caire, comme tant d'autres intellectuels et commerçants libanais. Il commence par attirer l'attention sur le fait que «la mort de Zaydān est aussi imposante que sa vie et aussi majestueuse que ses œuvres». Il s'est éteint, laissant, aux yeux de notre auteur, «un silence qui évoque le respect et la vénération» et aussi «une leçon pour ceux qui sont restés dans la main des jours et des nuits». Il s'est éteint, dit-il, et s'il s'est déplacé vers une planète dans la mer de l'infini, «il serait maintenant occupé à être utile à ses gens, soucieux d'en réunir les connaissances, épris de la beauté de son histoire, penché sur l'apprentissage de ses langues».[52]

Et il poursuit: «Zaydān est cet homme-là – une idée enthousiasmée qui ne trouve de paix que dans le travail, et un esprit assoiffé, qui ne dort que dans l'état de réveil, un grand cœur tout rempli de tendresse et de soin éveillé. Si cette idée ne cesse d'exister, de part l'existence de la Raison Commune, elle travaillerait maintenant avec la Raison Commune. Et si cet esprit existe de par l'existence des normes (universelles), il œuvrerait avec ces normes universelles. Et si ce cœur survit, de par la continuité de Dieu, il serait maintenant enflammé par la flamme de Dieu».[53]

---

50 Ibid., 68.

51 Ici nous revenons aux œuvres complètes *al-Mu'allafāt al-kāmila*, I, *al-Badā'iʿ wa-l-ṭarā'if*, 544-545; sur l'auteur, v. Y.A. Dāghir, *Maṣādir al-dirāsa l-adabiyya*, II, 428-434.

52 Ibid., 544, 1 sqq.

53 Ibid., 544, 11, sqq.

Djubrān compare la vie de Zaydān à «une source qui a surgi du cœur de l'existence, pour devenir un fleuve limpide qui irrigue ce qu'il y a comme plantes et arbres sur les deux bords de la vallée». Il ne faut point le pleurer, car ceci serait digne de ceux qui n'apportent pas à la vie la moindre «goutte de sueur ou de sang de leur cœur». Celui qui veut l'honorer, selon notre auteur, «qu'il cherche sa part dans les magasins des connaissances et des acquisitions, rassemblées par Zaydān et laissées en héritage au monde arabe». Et il termine par ces mots: «Ne donnez pas au grand homme, mais prenez de lui, car c'est ainsi que vous l'honorez. Ne témoignez à Zaydān ni pleur ni élégie, prenez plutôt de ses talents et de ses dons, vous lui rendrez son nom éternel».[54]

7- Adīb Isḥāq (1856-1885)[55] auquel Djubrān consacre quelques lignes dans un article sur Andromaque que son auteur avait traduite du français,[56] de la pièce de Racine. En réalité, c'est sur la pièce elle-même qu'il s'attarde plutôt que sur le traducteur. Celui-ci était pour lui «cette flamme qui est devenue ardente un jour et une nuit, puis s'est éteinte, avant qu'elle n'ait brûlé autour d'elle les pailles et les branches désséchées».[57] Il était «un écrivain de la politique et de la société, mais n'était pas un dramaturge. Et sa tragédie-ci ne se distingue pas dans ses chants et ses rimes de toutes les autres pièces de théâtre, qui apparurent en Egypte et en Syrie dans la deuxième moitié du XIXe siècle, quand l'art théâtral était restreint aux écoliers et à quelques voix mélodieuses».[58] Quant à la pièce elle-même, elle sera étudiée un peu plus longuement, sous la prochaine rubrique.

---

54 Ibid., 544, 18 -545.

55 Concernant Andromaque, v. al-Qawwāl, *Nuṣūṣ khāridj al-madjmūʿa*, 48-52, et sur l'auteur v. 48, 4; 49, 1-2, 9, 16-20, donc de petites annotations de Djubrān sur lui, que nous verrons plus loin; sur l'auteur, v. Y.A. Dāghir, *Maṣādir al-dirāsa l-adabiyya*, II, 115-118.

56 Sa traduction publiée avant sa mort était de 44 pp.

57 Ibid., 49, 1-2.

58 Ibid., 49, 16-20.

8- Riḍā Taufīq Bey,[59] un philosophe ottoman, le seul non-arabe ici, mais intéressant quand même, à cause du plaidoyer de notre auteur en sa faveur. Il fut condamné à une prison de 25 jours, pour avoir tenu un discours, sans avoir obtenu pour cela une permission du gouvernement, «quand il s'est mis à réfléchir pour parler, et avant de parler, à pousser les gens à réfléchir».[60] Deux semaines après sa libération, il fut agresssé par 15 hommes de la basse et grossière classe des turcs, qui le frappèrent durement et le laissèrent blessé et éreinté. Où est la différence, ajoute-t-il, entre un gouvernement qui jette un philosophe dans les ténèbres d'une prison et des vilains qui l'assaillent en pleine rue? En réalité tous les deux camps l'ont honoré d'une décoration insigne sur le plan spirituel, à leur insu.[61]

Ceci donne à Djubrān l'occasion de développer quelques réflexions et quelques images très belles sur «la vraie liberté qui est un sentiment, que portent dans leurs seins les esprits élevés, qui cependant ne s'agitent de douleur que sous la dictature et ne l'enfantent que devant la fiancée qui est debout sur les os et les crânes humains. La liberté est une flamme sainte qu'allument les dieux dans les âmes des individus puissants. Et, quoique les intempéries et les ouragans l'assailent, elle reste allumée, rayonnante, se moquant de la fumée de son entourage et ricanant de la cendre de ses persécuteurs».[62]

Combien, dit-il, les responsables de l'Etat Ottoman, «se montrent aveugles face à ce que l'histoire a laissé comme exemples, qui montrent comment la vérité ne peut être vaincue, et comment ceux qui combattent les principes et les enseignements sociaux ressemblent à ceux qui essaient d'éteindre le feu, en y jetant de l'huile». Une fois de plus, Djubrān témoigne en faveur de la vérité comme «un esprit éternel», qui disparaît, pour réapparaître avec un nouveau prophète généreux, ou un nouveau

59 Ibid., 31-34.
60 Ibid., 31, 1 sqq.
61 Ibid., 31, 11 -32, 8.
62 Ibid., 32, 9-14.

grand poète. Idée importante qui sera reprise et développée plus loin, sous la rubrique IV.[63]

9- Ce dernier philosophe ottoman a été amené ici, bien qu'il ne soit pas arabe, à cause des idées que l'auteur admire en lui et qui forment, comme on le verra, la base de sa propre philosophie sociale, alors qu'en général il n'est pas bien tendre vis-à-vis des Ottomans (surtout dans ce genre de questions). A côté de ces personnalités, il y en a d'autres sur lesquelles il nous laisse quelques impressions dans ses correspondances.[64] D'abord Shiblī Shumayyil (1860-1917)[65], dont il parle dans une lettre à Mayy Ziyāda, du 2 janvier 1914, dans un petit paragraphe, mais d'une manière remplie d'enthousiasme:

«Je suis aussi, comme toi, admirateur du docteur Shumayyil. Il est l'un des rares que le Liban a fait naître, afin qu'ils prennent en charge (le mouvement) de la Renaissance moderne au Proche-Orient; et, selon moi, les orientaux ont besoin urgemment de gens comme le docteur Shumayyil, pour contrecarrer ce que les mystiques et les dévots ont créé dans les deux régions d'Egypte et de Syrie».[66]

10- Un autre intellectuel, dans *Rasā'il Djubrān al-tā'iha*,[67] est Imīl (=Emile) Zaydān (1896-1982),[68] fils de Djurdjī qu'on a vu plus haut, et qui a œuvré grandement à développer la presse arabe en Egypte, et auquel l'auteur «du Prophète» a envoyé «une

---

63 Ibid., 32, en bas, sqq.

64 Plusieurs collections de lettres ont été consultées dans ce travail, comme on le verra par la suite; celle citée ici en fonction de Shumayyil a été éditée par Al-Kuzbarī et Bushru'ī, sous le titre d'*al-Sh'ula l-zarqā'* (v. bibliographie).

65 Sur lui, v. Y.A. Dāghir, *Maṣādir al-dirāsa l-adabiyya*, II, 484-487, et la monographie de Georges Haroun, *Šiblī Šumayyil.*

66 *Al-Shu'la l-zarqā'*, 33, 1-4.

67 Ces lettres ont été publiées par Riyāḍ Ḥunayn: elles sont au nombre de 19, et étaient toutes, jusqu'à leur édition à Beyrouth (*Mu'assasat Naufal*) en 1983, restées manuscrites.

68 *Rasā'il Djubrān al-tā'iha*, 91-94; p. 89 l'éditeur apporte une photographie d'Emile Zaydān, et p. 91 une présentation de ce fils de Djurdjī Zaydān, alors que la lettre est de 92-94.

série d'articles, de récits et de poèmes en prose», qui ne sont pas autre chose que son livre *al-ʿAwāṣif*, publié la première fois effectivement dans la Maison al-Hilāl au Caire,[69] donc chez Imīl, que son père Djurdjī Zayḍān avait fondée, comme revue et maison. A la fin de la lettre, il lui propose de lui écrire un article sur l'art des contes, à la fin duquel il voudrait qu'il y ait une compétition entre les auteurs, comportant un conte oriental; et le meilleur conte aurait de lui, Djubrān, une récompense de 1000 piastres égyptiens,[70] ce qui n'était pas peu pour l'époque. Malheureusement, nous n'avons pas la suite de cette histoire plus que curieuse contenue dans cette lettre, amenée à cause de son caractère si généreux vis-à-vis de la culture, et de ses représentants, dont en tête la Maison de Djurdjī Zaydān.

11- Un autre, cette fois grand écrivain, contemporain de Djubrān, attire l'attention dans cette même correspondance: Amīn al-Rayḥānī/al-Rīḥānī (1876-1940),[71] avec lequel l'auteur a échangé quelques lettres,[72] et duquel il était épris, comme il le dit de manière bien succincte à son cousin Nakhla,[73] dans une lettre de Paris du 14 décembre 1914:

«Mon ami Amīn va venir à Paris, et tu écouteras ce qui te plaira, si le ciel le veut, car nous allons entreprendre un travail beau, si les circonstances nous le permettent. Amīn al-Rayḥānī

69 Le livre parut pour la première fois en 1920, là-dessus v. Dahdah, Khalil Gibran, 454, et *Rasā'il Djubrān al-tā'iha*, 91.

70 Ibid., 94, dernier passage.

71 Sur lui v. ibid., 67-68, et EI^2, Y.A. Dāghir, *Maṣādir al-dirāsa l-adabiyya*, II, 391-398, et le livre d'Albert Rihani, Where to find Ameen Rihani, Bibliography, Beyrouth 1979, ainsi que Djamīl Djabr, *Amīn al-R.*

72 *Rasā'il Djubrān al-tā'iha*, 69-76, au nombre de 7 dans cette collection, alors que les pages 67-68 sont consacrées à une présentation de l'auteur.

73 Nakhla est un cousin paternel à notre auteur, d'après les quelques lignes que lui réserve l'éditeur, ibid., 49, ils ont grandi tous les deux ensemble à Bcharri (Bsharrī), avec beaucoup d'attachement. L'émigration a amené Nakhla dans une autre partie du continent américain, au Brésil, à Rio De Janeiro, où la colonie libanaise constitue un potentiel humain énorme.

est un des rares hommes en Syrie, qui n'hésite pas à participer aux grandes actions».[74]

Rien de plus dans cette lettre; mais pour qui connaît l'appréciation plutôt sévère pour beaucoup de ses contemporains, cela revêt une très grande signification. On voit dans d'autres lettres beaucoup plus clairement comment Djubrān le prend très au sérieux, lui témoignant beaucoup d'amitié, basée avant tout sur la grande valeur qu'avait son ami à ses yeux. Et son ami est venu à Paris, et Djubrān a visité le Louvre avec lui, lui montrant et expliquant bien de ses merveilles.[75] Ecoutons comment Djubrān lui prête une attention particulière, une fois qu'Amīn était tombé bien malade dans son séjour à New York, et nous savons que celui-ci appartenait aux écrivains libanais performants d'*al-Mahdjar*, avec une œuvre remarquable en arabe et en anglais aussi, et comment il lui confie ses secrets professionnels et ses aspirations créatrices:

«Mon cher Amīn, New York n'a pas été et ne sera jamais une patrie pour les enfants de la poésie et de l'imagination; mais je crois que ton âme va te tisser un nid moelleux entre les branches de l'arbre tramblottant. Demain te quitteront tes douleurs, se précipitant dans le gouffre du passé, et tes forces te reviendront de derrière le crépuscule bleu, de sorte que tu pourras manger avec appétit et bien-être, dormir d'un sommeil paisible et délicieux, et New York deviendra, malgré tout ce qu'elle soulève comme lutte et peine, un théâtre pour tes rêves et tes désirs. Patiente, ô Amīn, jusqu'à ce que les dieux te guérissent de tes douleurs, pour que tu retrouves New York plus belle que tu ne la vois maintenant. Le médecin t'a promis la guérison; que la promesse du médecin est belle et comme elle est majestueuse! Le ciel

74 Ibid., 50, dernier paragraphe; alors qu'au début de la lettre il lui dit, entre autres, que «tout ce qui cause du mal aux âmes sensibles c'est la mauvaise compréhension», et il ajoute qu'il voit «l'avenir me sourire un peu, ô Nakhla, c'est pourquoi je ne dois pas lui froncer les sourcils comme une idole, mais je dois répondre à ses sourires par le travail, l'étude et la recherche».

75 Y. al-Ḥuwayyik, *Dhikrayātī ma' Djubrān*, trad. française, 195 sqq. (Rihani à Paris), 203 sqq. (au Louvre avec Rihani).

m'est témoin que je donnerai au médecin un cadeau particulièrement beau, s'il reste fidèle à sa promesse; et il le fera, si Dieu le veut».[76]

Quelle douceur, quelle intimité d'esprit! Djubrān a toujours été un excellent ami, surtout si l'admiration était aussi à l'origine de ses relations avec les autres. C'est à lui qu'il confie, d'ailleurs dans la deuxième partie de cette même lettre admirable, ce que Paris a suscité en lui comme réveil à la vie intellectuelle, à la créativité, à une vie artistique de dimension incomparable. Mais cette idée-là nous occupera dans le chapitre suivant, dans la partie consacrée à l'influence de la France, et de Paris en particulier, sur lui. Il termine cette lettre en ces mots:

«Je quitterai Paris dans peu de semaines, et combien ma joie serait grande de te revoir rétabli et fort, comme l'arbre saint qui a poussé devant le temple d'Astarté, tout joyeux comme l'étang chantonnant dans la vallée de Qādishā. Au revoir, mon cher ami, au revoir, et que Dieu te garde en bonne santé pour ton frère».[77]

Cette amitié semble bien solide, comportant une aide réciproque, puisque Djubrān, à sa rentrée de Paris à New York, s'adresse automatiquement à son ami, installé à New York, pour qu'il vienne au port le tirer d'affaire de complications douanières, qui pourraient lui surgir, à cause de ce qu'il devait ramener avec lui comme tableaux et écrits (lettre de Paris du 17 octobre 1910).[78] Mais c'est sa lettre de Boston, du 11 novembre de la même année, c'est-à-dire juste après sa rentrée de Paris, qui nous dévoile bien plus de l'estime particulière qu'il avait pour son compatriote, auteur entre autres des grands livres historiques sur l'Arabie; le ton en est plus intime, comme on le voit par le remplacement de «cher» par «frère»:

---

76 *Rasā'il Djubrān al-tā'iha*, 69, 1 sqq.
77 Ibid., dernier paragraphe.
78 Ibid., 70.

«Mon frère Amīn, je suis ces jours-ci comme un navire, dont les vents ont déchiré les voiles, et dont les vagues ont brisé les rames, ce qui fait qu'il va dans chaque direction, au milieu du courroux des vagues et de la colère des vents. C'est pourquoi je ne t'ai pas écrit avant aujourd'hui.

Jusqu'à présent je n'ai pas trouvé une place, où appuyer ma tête; car je suis toujours parmi ces morts, qui lèvent leurs têtes vers les étoiles un instant, puis retournent s'allonger dans leurs tombeaux obscurs. Des cadavres qui vivent, mais ne croissent pas, qui bougent, mais ne marchent pas, et ouvrent leurs bouches, mais ne parlent pas.

Je pense à toi, à chaque heure, et je parle de toi, chaque fois que je découvre une oreille appropriée, capable de retenir la prononciation de ton nom. Et combien j'aurais été heureux, si une fois les jours pouvaient nous réunir dans une même ville, afin que nous puissions ensemble nous tenir debout devant la face du soleil, et montrer à l'existence ce que Dieu a déposé dans nos deux âmes. C'est un souhait, que les jours réaliseront, si Dieu le veut.

Ecris-moi, lorsque tu trouveras du temps pour écrire, et informe-moi de la publication de ton poème dans la revue Atlantic Monthly, car je veux le réciter devant certains poètes de Boston. Fais parvenir mon salut à Mary, et gare à toi si tu oublies ton frère qui t'aime».[79]

Voilà une amitié plus que solide, qui finit par une communion totale entre deux intellectuels du même pays, que leur esprit génial, inventif, a fini par associer intimement. Dans une lettre, non datée, mais vraisemblablement de janvier 1911, selon l'éditeur de cette même correspondance, il finit par s'adresser à Amīn dans ce sens:

«Mon frère et associé Amīn, mon frère dans la tradition de l'art, et mon associé dans la Loi de Dieu!

79 Ibid., 71.

Enfin, depuis que je suis venu dans cette ville, je suis parmi les connaissances et les amis comme un être vivant qui est dans des cavernes magiques de djinns, où se cachent les spectres et les esprits, à la vitesse des idées, et je joins la fin de la nuit au début du jour; et cette vie ne me plaît pas dans sa majorité, alors qu'elle ne manque pas de beauté spirituelle.

Je désire ardemment te voir, ô Amīn; ressens-tu le même désir de me voir? J'ai pensé à toi, alors que je contemplais les yeux bleux-noirs; as-tu pensé à moi, pendant que tu regardais les yeux bleux. Et j'ai d'autres questions à te poser, dès que je serai de retour à New York, au début de la semaine prochaine.

Je ne t'envoie pas de félicitations pour la nouvelle année, mais je félicite la nouvelle année à ton sujet - et je ne te souhaite pas ce que les hommes se souhaitent les uns aux autres, mais je leur souhaite quelque chose de ce que tu as; car tu es riche par toi, et moi je suis riche par toi. Que Dieu te garde en bonne santé. Ton frère Djubrān Khalīl Djubrān».[80]

On ne peut pas exprimer son amitié et son admiration sous une forme plus claire, plus limpide et plus sincère: Djubrān a compris de mieux en mieux le génie innovateur de son ami, et la valeur de ses vues concernant la marche en avant vers une renaissance solide, dont il sera question plus loin, dans le chapitre VII - B. Et comme son ami devait revenir au Liban, il lui envoie une lettre d'adieu, datée de juin 1912, dans laquelle il lui exprime sa propre nostalgie pour leur patrie, et l'on verra plus loin combien l'auteur brûlait d'envie de revoir son Liban (v. chapitre V):

«Mon frère Amīn, j'aurais voulu te faire mes adieux par un baiser, avant que le bateau ne te porte vers le lieu du lever du soleil. Plutôt j'aurais souhaité t'accompagner vers ce pays dont j'aime les rochers et les vallées, et dont je hais les prêtres et les gouvernants. Mais ce que les rêves dessinent est dissipé par le réveil, et ce que les désirs érigent est détruit par l'impuissance.

---

80 Ibid., 73.

Toi, tu pars demain vers le pays le plus beau et le plus saint de ce monde; et moi je reste dans cet exil lointain; combien grande est ta chance, et combien petite est la mienne. Mais si tu te rappelles de moi devant (la montagne de) Ṣannīn, près de Bāblus et dans la vallée d'al-Farīka, tu m'allégerais la torture de l'exil et tu me diminuerais la douleur de l'émigration et de l'éloignement.

Il se peut qu'il n'y ait personne en Syrie qui s'intéresse à mon sort; mais il y a quelques individus peu nombreux qui m'intéressent. Ce sont ceux-là qui réfléchissent beaucoup, parlent peu et ressentent toujours. A ceux-là j'envoie mon salut et mon vœu. Quant à ceux qui se gonflent comme les tambours et font du bruit comme les grenouilles, je ne leur envoie rien, même pas une particule de dédain».[81]

12- La figure la plus prestigieuse du monde arabe, de tous les mondes djubrāniens, est une femme, une étoile spéciale de la culture arabe moderne, pour laquelle j'ai toujours eu moi-même une pensée particulière, surtout depuis que l'on parle tellement de féminisme, et qui a augmentée en valeur à mes yeux, depuis que j'ai commencé à étudier de près Djubrān: Mayy Ziyāda (1886-1941).[82] Il n'est pas possible de présenter dans un cadre pareil tout ce qu'il y aurait à dire sur ses relations avec notre auteur. Mais il est au moins nécessaire d'attirer l'attention sur certains aspects hautement intéressants, qui ont conditionné leurs relations littéraires et personnelles et qui devraient pousser les spécialistes à montrer plus d'intérêt pour l'œuvre de cette dame illustre, si riche et si créatrice.

---

81 Ibid., 74, 1 sqq.

82 Sur elle, v. d'abord les œuvres complètes que lui a publiées *Mu'assasat Naufal*, sous le titre d'*al-Mu'allafāt al-kāmila*, éd. par la même Al-Kuzbarī, qui a édité la correspondance des deux auteurs; de plus v. l'introduction d'*al-Shu'la l-zarqā'*, 7 sqq.; Ḥusayn 'Umar Ḥamāda, *Aḥādīth 'an Mayy Ziyāda*, 7 sqq.;Y.A. Dāghir, *Maṣādir al-dirāsa l-adabiyya*, II, 421-427; et tout récemment, éd. par al-Qawwāl, comme dans le cas de Djubrān: Mayy Ziyāda, *Nuṣūṣ khāridj al-madjmū'a*, 7 sqq., avec toutes leurs références bibliographiques.

Il faut savoir gré aux spécialistes qui se sont donné une peine spéciale, pour faire connaître cette correspondance unique dans son genre dans la culture arabe, comme le notent de manière si éloquente les deux grands spécialistes de Mayy, dans l'introduction de leur édition:

«L'amour de Djubrān et de Mayy n'était pas le fruit d'un regard, d'un sourire, d'un salut et d'une parole (allusion au fameux vers d'Aḥmad Shauqī),[83] mais il formait un amour admirable, qui a pris naissance et a grandi à travers une correspondance littéraire exceptionnelle, et des discussions idéelles et spirituelles, qui ont rapproché deux cœurs solitaires, et deux esprits vivant dans l'émigration, dont chacun était à la recherche d'un esprit fraternel dans son réveil et ses rêves, et aspirait à cette «flamme bleue» (de là le titre du recueil), qui constitue la substance de l'âme humaine, au plus haut des degrés de sa pureté. Chacun d'eux cherchait à se reconnaître derrière l'esprit de l'autre, comme si cet esprit était le miroir, à la surface duquel se reflétait la lumière de l'autre».[84]

Un amour presqu'unique, dans la littérature arabe de toute manière sans pareil, où l'on retrouve les expressions typiques aux amoureux français: «Je t'aime beaucoup et avec tendresse, beaucoup et avec tendresse», ou mieux encore: «Je t'aime un peu, beaucoup, passionnément, follement, je ne t'aime pas».[85] Mayy était une dame distinguée, hautement cultivée; son esprit vaste et

---

83 Il s'agit du poème fameux d'Aḥmad Shauqī, *Khadaʿūhā, al-Shauqiyyāt*, éd. *Dār al-kitāb al-ʿarabī*, Beyouth, sans date, II, 112:
khadaʿūhā bi-qaulihim ḥasnāʾu   *wa-l-ghawānī yaghurruhunna l-thanāʾu*
(on l'a trompée, en lui disant qu'elle était belle, et les belles se laissent séduire par les louanges)
in raʾatnī tamīlu ʿannī kaʾan lam   *taku baynī wa-baynahā ashyāʾu*
(quand elle me voit, elle fait un détour autour de moi, comme si entre elle et moi ne s'étaient pas passées des choses)
et le vers en question, qui explique ces choses, est comme suit:
naẓratun fa-btisāmatun fa-salāmun   *fa-kalāmun fa-mauʿidun fa-liqāʾu*
(un regard, un sourire, un salut, un mot, un rendez-vous, une rencontre).

84 *Al-Shuʿla l-zarqāʾ*, 8, 8 sqq.

85 Ibid., 17 en bas, 18, 3-4.

le maniement de plusieurs langues européennes, à côté de l'arabe, dont le français et aussi l'allemand, ce qui était très rare pour ces générations, et ses allures très plaisantes lui ont attiré une multitude de cavaliers épris d'elle, éperdument; on peut s'en rendre compte à travers le livre de Ḥusayn ʿUmar Ḥamāda, qui dévoile beaucoup de côtés privés de sa vie et atteste tout clairement l'importance extraordinaire du salon littéraire ouvert par la dame libanaise au Caire, et fréquenté par un nombre très grand d'écrivains, de poètes et d'autres grandes personnalités égyptiennes surtout,[86] dont Salāma Mūsā. Celui-ci qui nous laisse d'elle des images délicieuses et touchantes d'une part, et qui expliquent certains côtés de sa vie intellectuelle et privée d'une autre: elle a demandé à ce dernier de travailler avec elle, comme rédacteur, dans le journal que son père publiait au Caire[87]. Mais ce sont sans aucun doute les lignes qu'il nous laisse sur elle, sur son extérieur et son intérieur, qui sont les plus intéressantes, parce qu'elles sont rafraîchissantes et notées sur le vif, vu les rencontres multiples qu'il a eues avec elle et avec son entourage: une des personnalités remarquables, avec laquelle il est resté lié amicalement jusqu'à sa mort; il la décrit ainsi: «Mayy n'était pas belle, mais elle était douce. Elle connaissait la littérature anglaise et française, lisait beaucoup et était au courant des orientations modernes en Europe, en Amérique et en Orient. Sa civilisation et sa culture conféraient à son visage et à son expression élégance et finesse».[88]

Elle a décliné toutes les demandes en mariage qu'elle a eues, et qui étaient nombreuses; elle les a refusées, parce que «son cœur s'était passionné de Djubrān, et son espoir s'était tourné vers lui seul, c'est pourquoi elle a rejeté le mariage avec un autre et ignoré tout autre homme, pour rester célibataire, alors qu'elle adorait la vie familiale et les enfants. Elle découvrit en Djubrān son idéal suprême et le cavalier de ses rêves, et trouva dans ses

---

86 Ḥamāda, *Aḥādīth*, 25 sqq; 43 sqq., concernant le salon, 36 sqq.

87 Et il l'a fait, comme il nous le raconte en détail dans son livre *Tarbiyat Salāma Mūsā*, 184, 8 sqq.

88 Ibid., 221, 6 sqq.

lettres à elle, avec son style unique, par écrit et en pensée, une source abondante de nourriture spirituelle et un contentement pour son orgueil et ses aspirations. Djubrān incarnait pour elle le grand amour, auquel elle aspirait, et il fut dans sa vie une flamme d'esprit, de pensée et d'art, de laquelle elle puisait inspiration et force, espoir et bonheur».[89]

On ne peut pas exprimer les causes de leur liaison plus clairement. Il faut tout de suite ajouter que c'était la dame qui avait pris l'initiative, en faisant connaître l'œuvre de son compatriote, déjà après la parution de son livre *al-Adjniḥa l-mutakassira*[90] en 1912; en effet, elle lui écrivit qu'elle «admirait son esprit, son style, et elle discutait avec lui du mariage, de ses liens, de l'amour et de ses étapes...».[91] Elle de son côté commença à l'intriguer, et il découvrit en elle une intellectuelle de premier rang:

«L'amie, la bienaimée inspirée, une sœur spirituelle, un point de liaison entre lui et sa patrie, son Orient et le fin fond de lui-même. Il aima en elle la femme belle, intelligente à sa manière lui-même; le côté qu'il a aimé le plus en elle était son esprit clair, qui se manifestait dans ses articles et ses livres; et il lui exprima son appréciation pour ses œuvres et son admiration pour son goût et sa culture, dans quelques-unes de ces lettres.

---

89 *Al-Shu'la l-zarqā'*, 18, 8 sqq. Mūsā, *Tarbiyat Salāma M.*, nous explique qu'elle était seule, malgré les visiteurs et les liens amicaux entre elle et beaucoup d'entre eux; c'est pourquoi elle trouvait consolation dans la compagnie de sa mère; le fait qu'elle vivait dans un milieu oriental, selon lui, l'a empêché de trouver quelqu'un proche de son esprit et de ses ambitions: «la réponse (à cette question) est qu'elle vivait dans un milieu oriental. Si elle avait grandi à Berlin, à Paris ou à Londres, elle aurait trouvé beaucoup de ceux qui auraient cherché l'honneur et le bonheur de se marier à elle, aussi bien que la fierté et la gloire de coller leur histoire à la sienne. Mais nos frères libanais, bien qu'ils soient modernes, sont restés orientaux», 224, 7 sqq. Ce témoignage est très précieux et explique l'attachement particulier de Mayy à Djubrān, qui, lui, aurait été le meilleur de ces candidats pour elle.

90 Le livre a été publié pour la première fois par l'Imprimerie *Mir'āt al-gharb*, New York, v. *al-Mu'allafāt al-kāmila*, I, 197 sqq.; Dahdah, Khalil Gibran, 454.

91 *Al-Shu'la l-zarqā'*, 8, en bas -9, 1 sqq.

Comme il a aimé en elle son amour pour lui et son admiration pour sa personnalité et sa production littéraire et artistique, qu'elle se mettait à recenser et à présenter critiquement dans ses articles en Egypte, sitôt qu'il publiait quelque chose de ses écrits dans le pays d'émigration». Ce qui augmente la valeur de cette correspondance est le fait «qu'il parlait à Mayy dans ses lettres comme celui qui s'adresse à soi-même, avec spontanéité et sans affectation, lui causant de son enfance, de ses rêves, de ses œuvres, de ses projets littéraires et artistiques, de ses tendances et ses souvenirs, de sa santé, de ses opinions sur la littérature, l'âme et l'art, et de sa phliosophie, en toute franchise et simplicité. Ce côté-là confère à ces lettres le caractère d'une nouvelle œuvre de grande valeur».[92]

Du fait qu'il y avait trop de différence entre les milieux, dans lesquels les deux amoureux vivaient, New York d'un côté et Le Caire de l'autre, on ne pouvait pas s'attendre à avoir des relations faciles, sans complication.[93] De là s'explique, au moins en partie, la circonspection de la dame, qui finit, quand même, par se dépasser, ce qui était énorme pour les conditions orientales de l'époque, pour lui avouer, après beaucoup d'hésitation, sa passion pour lui, en des termes si touchants:

«Djubrān, je t'ai écrit ces pages, pour éviter le mot d'amour... Que signifie ce que j'écris? Je ne sais ce que je veux dire, mais je sais que je suis amoureuse de toi et que j'ai peur de l'amour. Je dis cela, tout en sachant que le peu d'amour est beaucoup... Comment j'ose te l'avouer, et comment j'en parle beaucoup? Je ne le sais pas. Dieu soit loué que je te l'écris sur papier, et que je ne le prononce pas, car si tu avais été maintenant personnellement présent, tu aurais fui de honte, après ces

92 Ibid., 13, 2 d'en bas -14, 9.

93 V. plus haut ce que disait Salāma Musā sur les orientaux en général, *Tarbiyat Salāma Mūsā*, 224, 7 sqq., surtout ligne 13-14, où il écrit: *Wa-bikalimatin ukhrā aqūlu: inna Mayy ʿāshat ʿumrahā qabla mīʿādihā bi khamsīna sanatan* («en d'autre termes: Mayy a vécu sa vie cinquante ans avant le temps»).

paroles, et tu te serais caché longtemps; c'est pourquoi je ne te laisserai me voir qu'après m'avoir oubliée».[94]

Il est possible que l'amoureuse éperdument n'ait jamais dévoilé son amour à sa famille et à ses proches, tant qu'il était en vie; mais sitôt qu'elle apprit la nouvelle de son décès, elle fit jaillir sa tristesse très profonde, décrivant, en des termes particulièrement douloureux, comment tous les deux étaient des «étrangers dans cette existence» et comment elle avait elle aussi envie de quitter ce monde: «Tu as bien fait de partir! Et si tu as un autre mot (à dire), il vaut mieux le fondre, le polir et le purifier et ainsi le réaliser entièrement dans un monde qui est peut-être meilleur que le nôtre dans beaucoup de côtés...»[95]

Si Djubrān ne s'est pas lié à elle pour la vie, cela ne réside sans doute pas dans le manque d'amour pour elle, ni dans le manque d'estime. Non, il y a d'autres causes qui touchaient sa vision de l'amour, qu'il voulait laisser ici dans toute sa plénitude, comme l'ont exprimé plusieurs de ses compatriotes, parmi les poètes, et d'autres aussi, et de plus qui dépendaient de sa nature d'artiste, qui nécessitait une totale indépendance pour le travail,[96] et de sa mauvaise santé, qui aurait été un grave fardeau pour une compagne journalière. L'essentiel est de retenir qu'il était particulièrement épris d'elle, par rapport aux deux dimensions de l'être, surtout sur le plan intellectuel; et il le lui répète souvent, comme d'abord dans la lettre suivante,[97] du 7 février 1919:

«Sais-tu, mon amie, que je trouvais, dans notre conversation interrompue, consolation, compagnie et tranquillité; sais-tu aussi que je me disais qu'il y avait dans les régions orientales de la

94 *Al-Shu'la l-zarqā'*, 22, 3, 12 sqq.

95 Ibid., 25, 3 sqq., surtout 11-13.

96 Dans l'histoire des cultures européennes modernes nous avons beaucoup d'exemples qui vont dans ce sens, cf. p. ex. le cas du poète-écrivain autrichien Rilke (1875-1926), qui s'intéressait beaucoup à l'art et fut secrétaire de Rodin, dans son long séjour à Paris, etc...

97 Ibid., 39-41 (toute la lettre).

terre une jeune fille, qui n'est pas comme les (autres) jeunes filles, qui est entrée avant sa naissance dans le temple et s'est tenue dans le sanctuaire des sanctuaires, de telle manière qu'elle a connu le secret céleste, que gardent les géants du matin, puis elle prit ma patrie comme patrie pour elle, et mes gens comme gens pour elle. Sais-tu que je chuchotais cette chanson à l'oreille de mon imagination, chaque fois que m'arrivait une lettre de toi?»[98]

Et dans une lettre de juin de la même année, il lui écrit: «Que tes lettres, ô Mayy, sont belles et qu'elles sont appétissantes; elles sont comme un fleuve de nectar qui tombe des hauts lieux, et coule chantonnant dans la vallée de mes rêves; plutôt elles sont comme la guitare d'Orphée, rapprochant les choses éloignées, et éloignant les choses proches, et tournant avec ses vibrations magiques les pierres en flammes ardentes et les branches desséchées en ailes flottantes».[99]

Et dans une autre lettre de juillet de la même année, il lui dévoile le secret du lien idéal dans l'amour, indestructible, «qui est spirituel, fin, fort et étrange, qui se distingue dans sa nature, ses caractéristiques et son influence de tout autre lien, car il est plus fort, plus tenace, plus durable, de manière incommensurable, que tout autre lien de sang, de famille et de caractère... Dans ce lien, Mayy, dans ce sentiment spirituel, dans cette communion secrète il y a des rêves plus étonnants, plus curieux que tout ce qui se meut dans le cœur humain comme rêves, à l'intérieur d'autres rêves, à l'intérieur d'autres rêves. Et dans cette compréhension mutuelle il y a, ô Mayy, une mélodie profonde et calme, que nous écoutons dans le calme de la nuit, qui nous transporte derrière la nuit, derrière le jour, derrière le temps, derrière l'éternité... J'ai essayé de te faire parvenir ce que rien d'autre que ce qui lui ressemble dans ton âme ne pourra jamais te faire parvenir».[100]

98 Ibid., 39, 6 sqq.
99 Ibid., 48, 2 d'en bas -49, 2.
100 Ibid., 60, 6 -61, 4.

Djubrān lui-même se délie de plus en plus, concernant le talent de sa compatriote, pour devenir plus clair et plus élogieux. Dans une lettre de novembre 1920, il s'écrie: «Je n'ai jamais lu de livre arabe ou non-arabe comme celui de *Bāḥithat al-bādiya*.[101] Je n'ai jamais vu de ma vie deux images peintes avec de pareils traits et couleurs. Je n'ai jamais vu de ma vie deux images dans un même cadre, l'image d'une femme de lettres, réformatrice, et l'image d'une femme plus grande qu'une femme de lettres et plus grandiose qu'une réformatrice. Je n'ai jamais vu deux visages dans un même miroir: le visage d'une femme dont la moitié est cachée par l'ombre de la terre, et le visage d'une femme inondée par la lumière du soleil. J'ai dit 'le visage d'une femme à moitié caché par l'ombre de la terre', parce que j'ai senti depuis quelques années, et je ne cesse de le sentir, que la femme de science qui étudie le désert ne s'est pas encore libérée de son milieu matériel, et n'a pas encore fait abstraction de ce qui prend possession d'elle comme influences nationales et sociales, jusqu'à ce que la mort lui dénoue ses liens. Quant au deuxième visage, le visage libanais comblé en entier par la lumière du soleil, il est à mon avis le premier visage d'une femme orientale qui est montée, jusqu'à atteindre ce temple éthéré, où les esprits arrachent leurs corps faits de poussière de traditions, d'habitudes, de choses superflues et de force de continuation (d'existence). C'est le visage de la première femme orientale, qui a compris l'unité de l'existence, avec ce qu'il y a dans l'existence comme choses cachées et choses visibles, comme choses connues et comme choses inconnues. Demain, après que le temps aura jeté ce que les écrivains et les poètes écrivent, dans le fossé de l'oubli, ton livre *Bāḥithat al-bādiya* restera sujet de l'admiration des chercheurs, des penseurs et des réveillés. Tu es, ô Mayy, une voix qui crie dans les prairies, tu es une voix divine; et les voix divines

101 Concernant ce livre, v. Mayy Ziyāda, *al-Mu'allafāt al-kāmila*, I, 31 sqq. Le livre porte comme sous-titre: *Dirāsa naqdiyya* (étude critique); il s'agit de la fille de Ḥifnī Nāṣīf (1886-1918), sur elle v. Y.A. Dāghir, *Maṣādir al-dirāsa l-adabiyya*, II, 711-713; elle épousa 'Abd al-Sattār Bek (Bey) al-Bāsil, chef de la tribu al-Rimāḥ à al-Fayyūm; sur son père (1856-1919), v. ibid., III/1, 331-334.

restent voguant dans l'enveloppe éthérée jusqu'à la fin des temps».[102]

Il revient de temps en temps sur la valeur de Mayy, pour l'inciter à être un moteur, un guide et une innovatrice dynamique, en des termes très clairs: «En relation de la mention du monde arabe, je te demande: pourquoi n'enseignes-tu pas aux écrivains et poètes d'Egypte de marcher sur les nouvelles voies? Toi seule tu en es capable, alors qu'est-ce qui t'en empêche? Toi, ô Mayy, tu appartiens aux filles du nouveau matin, pourquoi alors ne réveilles-tu pas les endormis? La fille douée pouvait et pourrait remplacer mille hommes doués. Et je ne doute pas que, si tu appelais ces âmes perdues, perplexes et soumises à l'esclavage, par la force de la continuité, tu pourrais réveiller en elles la vie, l'énergie et le désir d'escalader une montagne. Fais-le, et sois sûre que celui qui verse de l'huile dans la lampe, remplit sa maison de lumière. Le monde arabe n'est-il pas ta maison et la mienne?»[103]

Dans certaines de ses lettres, il y a de quoi ébranler l'âme devant la poussée de ses sentiments pour elle: un fleuve bien endigué, qui va de plus en plus profondément, se creusant des racines qui vont très loin dans la terre, parce qu'il l'aime par l'esprit et par le cœur, restant toujours fidèle à sa «logique enflammée», pour répéter le mot célèbre de Pascal:

«Parmi les gens tu es la plus proche de mon âme, et parmi eux tu es la plus proche de mon cœur, et nous ne nous sommes jamais disputés avec nos âmes ou nos cœurs. Nous ne nous sommes disputés que par les pensées, et la pensée est quelque chose d'acquis, quelque chose que l'on prend du milieu, des choses visibles, de ce que les jours amènent. Quant à l'âme et au cœur, ils étaient en nous deux joyaux célestes, avant que nous nous sommes mis à penser… J'aime ma petite, néanmoins je ne sais pas rationnellement pourquoi, et je ne veux pas le savoir, par ma raison. Il me suffit que je l'aime, il suffit que je l'aime

---

102 *Al-Shuʿla l-zarqāʾ*, 97, 4 -98, 6.
103 Ibid., 86, 10 -87, 3.

avec mon âme et avec mon cœur, il suffit que je j'appuie ma tête sur son épaule, étant triste, étranger, solitaire, content, étonné et attiré, il suffit que je marche à côté d'elle vers le sommet de la montagne et que je lui dise de temps en temps: tu es ma compagne, tu es ma compagne.

On me dit, ô Mayy, que j'appartiens à ceux qui aiment les gens, et on me reproche que j'aime tous les gens. Oui, j'aime tous les gens, sans sélection, ni criblage, je les aime en une seule masse, je les aime parce qu'ils viennent de l'esprit de Dieu, mais chaque cœur a son orientation pour la prière, chaque cœur a une vision propre à lui, vers laquelle il se tourne pendant les heures de sa solitude, chaque cœur se retire dans sa cellule de moine, pour y trouver sa paix et sa consolation, chaque cœur a un (autre) cœur, avec lequel il désire ardemment être lié, afin de goûter ce que la vie offre comme bénédiction, comme paix, ou pour oublier ce que le monde cause comme douleur.

J'ai senti, depuis des années, que j'ai découvert la direction de mon cœur, et mon sentiment était une réalité simple, claire et belle, c'est pourquoi je me suis insurgé contre Saint Thomas, qui était venu doutant, scrutant, et je m'insurgerai contre Saint Thomas, et avec l'aide de Saint Thomas, jusqu'à ce qu'il nous laisse dans notre solitude céleste, abandonnés à notre foi divine».[104]

Admirable Djubrān, qui dévoile le secret de son cœur, de cette manière si noble et si enivrante. Cet amour est idéal, il est parfait, si perfection sous cette forme il y a. La dame de son amour, de ses rêves, de ses aspirations, est une véritable compagne de sa vie,[105] une interlocutrice digne, fiable, qu'il aime et vers

---

104 Ibid., 147, 1 -148, 8.

105 Il y a quelque chose de ces aspirations sans doute sous les différents portraits des femmes dans ses livres, qu'il a rencontrées directement ou indirectement; au sujet des femmes dans son œuvre, v. Imīl Kabā, *al-Nisā' fī l-adab al-djubrānī,* où il distingue plusieurs types très variés: des conservatrices sous différents aspects (droiture, non droiture...), Ière partie, 19 sqq.; des émancipées, aussi de différents types, IIème partie, 9 sqq.; et des rêveuses avec différentes aspirations, IIIe partie, 11 sqq.

laquelle il se tourne, pour lui confier ses sentiments et aussi ses réflexions et ses projets, ce qui est d'un intérêt capital pour l'étude de son œuvre. Ecoutons ce qu'il lui envoie, le soir d'un dimanche, le 2 décembre 1923:

«Notre journée était bourrée de travaux... Mais je regardais vers ma compagne, de minute en minute, et je lui disais: je loue Dieu et je le remercie, je loue Dieu et je le remercie, car nous nous sommes rencontrés une seconde fois dans notre forêt, alors que dans la poche de chacun de nous se trouvait un pain rond, au lieu d'un livre ou d'une palette de peinture. Je loue Dieu et le remercie, car nous sommes revenus paître dans la vallée calme, après avoir été deux enseignants dans une école! Je loue Dieu et lui rends grâce, car Maryam (=Marie/Mayy) la douce m'écoute, alors que je suis silencieux, comme je l'écoute, alors qu'elle est silencieuse, et me comprend passionné, comme je la comprends tendre.

J'ai loué et remercié Dieu durant toute la journée, parce que Mayy parlait toute la journée en mon nom, prenait par ma main et donnait par ma main. Toute la journée je regardais par ses yeux, et je voyais la tendresse dans les visages des gens, et j'écoutais avec ses oreilles, et je percevais la douceur de leurs voix».[106]

Et le voilà qui lui répond, dans une lettre du 3 décembre de la même année, à ce qu'elle lui avait envoyé comme impressions sur son livre *al-Nabī*: «Avec quoi je pourrais répondre à tes mots concernant mon livre *al-Nabī*? Quoi te dire? Ce livre n'est qu'une petite quantité d'une grande que j'ai vue et que je vois tous les jours dans les cœurs des hommes silencieux, et dans leurs âmes qui désirent fortement s'exprimer. Il n'y a eu personne sur terre qui ait pu apporter quelque chose de lui-même comme un seul individu, isolé de tous gens. Et il n'y a personne parmi nous aujourd'hui qui puisse enregistrer plus que ce que les hommes lui disent, sans qu'ils ne le sachent.

---

106 *Al-Shu'la l-zarqā'*, 149, 1 -150, 2.

Al-Nabi, ô Mayy, n'est que la première lettre d'un mot. Je me suis imaginé dans le passé que ce mot était pour moi, en moi et de moi, c'est pourquoi je ne suis pas arrivé à en épeler la première de ses lettres; mon impuissance était motivée par ma maladie, celle-ci était plutôt la cause d'une souffrance et d'une brûlure dans mon âme. Après cela, Dieu le voulut et ouvrit mes yeux, de telle manière que j'ai vu la lumière, et Dieu le voulut et il ouvrit mes oreilles, de sorte que j'ai entendu les gens prononcer cette première lettre; Dieu voulut et ouvrit mes lèvres, et je me suis mis à prononcer cette première lettre de nouveau. Je l'ai répété content, joyeux, parce que j'ai su pour la première fois que les gens, eux, étaient toute chose, et que moi, en mon être isolé, je n'étais rien. Toi tu sais mieux que les autres ce que cela contient comme liberté, comme repos et tranquillité, toi tu connais mieux que les autres le sentiment de celui qui se voit subitement en dehors de la prison de son être limité.

Et toi, ô Mayy, tu es ma petite grande, tu m'aides à écouter la deuxième lettre, tu m'aideras aussi à la prononcer et tu sera toujours avec moi... Combien l'amour est doux, quand il se tient tramblottant, timide devant lui-même».[107]

A la fin c'est presqu'une prière mystique, qu'il élève vers les cieux, implorant Dieu de l'aider à faire passer son message à sa bienaimée, dans une forme adéquate, à l'intérieur d'une lettre personnelle,[108] concernant des choses de tous les jours, du 23 mars 1925, en employant le prénom Marie, pour intensifier l'atmosphère de la prière:

«Seigneur et Dieu, pardonne à Marie chacun
de ses mots, et sois clément avec elle et comble ses faux pas
avec tes lumières saintes. Laisse-lui voir en rêve
ou en éveil le catholicisme de ton serviteur Djubrān dans
tout ce qui se rapporte à la beauté. Envoie, Seigneur,
l'un de tes anges, afin de lui dire que ton serviteur-

107 Ibid., 153-154.

108 Toute la lettre est, ibid., 187-190.

ci habite une cellule monacale aux multiples fenêtres,
qu'il voit les aspects de ta splendeur et de ta beauté en
tout lieu et en tout temps, qu'il chante
les cheveux noirs foncés, comme il chante
les cheveux dorés, qu'il a peur des
yeux noirs, comme il a peur des
yeux bleux. Et je te demande, Seigneur
et Dieu, d'inspirer à Marie de ne pas humilier
et mépriser les poètes et les artistes en la personne de
ton serviteur
Djubrān... Amen».[109]

N'est-ce pas une prière, et une belle prière, tellement neuve dans son allure et son contenu, dans laquelle la forme extérieure déjà, encadrée de deux flammes ardentes, à droite et à gauche, est porteuse d'un message poétique mystique et artistique. Une prière, selon ses propres termes, «et après cette prière», (poursuivant sa lettre, lui parlant de sa propre barbe, après avoir parlé des cheveux de Mayy, qu'elle avait coupés), prière à la Divinité, à Dieu, qui a créé toute beauté et splendeur, et donc qui a façonné celle de Marie, il demande à ce Dieu d'intervenir par inspiration onirique, comme il l'a fait chez ses prophètes. Car il s'agit d'un sentiment indéfinissable, mystérieux qui les lie; et pour lui Marie, qu'il continue d'apostropher ainsi jusqu'à la fin de cette lettre, voit, comme les prophètes «ce qui est derrière les voiles. Tu sais que le cœur humain n'est pas soumis aux lois des mesures et des distances, et que le sentiment le plus profond et le plus fort dans le cœur humain est celui auquel nous nous abandonnons, et dans cet abandon (à lui) nous trouvons délice, repos et tranquillité, bien que nous ne puissions, avec tout ce que nous faisons, ni l'expliquer ni l'analyser. Il suffit qu'il soit un sentiment profond, fort, saint. Pourquoi alors la question et le doute? Qui de nous, ô Marie, peut traduire la langue du monde caché vers la langue du monde visible? Qui de nous est

---

109 Sur cette partie de la lettre, dont le ton est insolite et unique dans la littérature arabe, même mystique, entre humains, v. ibid., 188, 7 -189, 3.

en mesure de dire: dans mon âme il y a une flamme blanche, ses causes sont ceci et cela, sa signification est ceci et cela, mais ses résultats seront ceci et cela? Il suffit à l'homme de se dire: dans mon âme il y a une flamme blanche».[110] Ainsi, ou plutôt sur ce ton s'est achevée cette correspondance extraordinaire, et cet amour magique aussi. Le 26 décembre 1930, incapable d'écrire, à cause de sa maladie avancée, il envoie un télégramme à sa trois fois bienaimée, lui souhaitant de bonnes fêtes,[111] et en 1931 il quitta notre monde, et la laissa en proie à une douleur tuante, qui aggrava son état de santé, et l'amena plus vite vers la tombe, sans avoir pu rencontrer le seul être qu'elle a vraiment aimé[112] «un peu, beaucoup, passionnément, follement».

Voilà l'Orient arabe, passé en revue, tel qu'il se présente dans certaines de ses figures classiques et modernes, auxquelles j'ai quand même joint le philosophe turc, à cause des idées défendues par Djubrān, en fonction de lui, et qui sont typiques pour l'idéologie de notre auteur, comme on le verra de plus en plus clairement par la suite. On aurait pu s'attendre à trouver plus de notations. Il s'agissait là de figures marquantes, qui lui ont donné matière à réflexion, dans le sens qui nous intéresse ici. Donc ce tableau ne prétend pas être exhaustif. Mais, comme on le voit, ceci est déjà énorme, pour une œuvre de ce genre, qui n'est pas en premier lieu celle d'un historien de la littérature,

110 Ibid., 189, 4 sqq., 10 -190, 2.

111 Ibid., 202. Il s'agit bien sûr des fêtes de Noël et de la nouvelle année.

112 Il serait intéressant de savoir jusqu'où va sa représentation des hommes, en dehors de son trois fois bienaimé Djubrān, à l'intérieur et à l'extérieur de cette correspondance; mais cela est un sujet qui mériterait une minutieuse recherche. Quant aux pères et aux fils dans l'œuvre de Djubrān, v. le livre de Kabā, *al-Ābā' wa-l-abnā' fī l-adab al-djubrānī*, où, comme dans son livre sur les femmes, v. plus haut note 105, nous avons des types analogues: des pères conservateurs, sous les aspects les plus variés, Ière partie, 15 sqq.; des pères sentimentaux et soumis, 27 sqq; des pères durs et tyranniques, 38 sqq; et des pères audacieux et réformateurs, 50 sqq; des fils sous la protection de leurs pères, IIème partie, 11 sqq.; d'autres indécis dans cette appartenance, 57 sqq.; et enfin des fils révolutionnaires, 86 sqq.; des pères soumis à une loi plus grande, IIIe partie, 9 sqq; des fils soumis à une loi plus grande, 27 sqq; et d'autres types assoifés d'absolu, 45 sqq.

mais celle d'un auteur qui pense, qui réfléchit, qui médite, et qui dessine ce qu'il pense et ce qu'il ressent d'une manière typique à lui, qui est on ne peut plus créative et combien ensorcelante, car elle tend de manière si alléchante et constante un piège, et on y tombe vite, si l'on est sensible au génie de la réflexion, à l'effusion sentimentale et à la magie du mot.

II- Des auteurs occidentaux.

Nous avons vu plus haut que l'auteur amenait quelques noms d'auteurs occidentaux, à l'intérieur de discussions centrées sur des écrivains classiques et modernes de la culture arabo-islamique.[113] Dans ces textes étudiés plus haut il s'agit de notations hâtives, certes, mais elles montrent comment l'esprit de notre auteur était ouvert à la culture générale, on peut dire véritablement humaniste, qui à son époque était une chose toute naturelle dans les grandes capitales occidentales.

Dés le départ, il faut signaler un fait important qui complique la recherche de traces, qui conduisent à des auteurs européens. Ceux que l'on trouve, directement nommés, ne sont pas nombreux et, surtout, ne sont pas représentatifs pour l'ampleur de ses lectures et des influences qu'il a subies ou qu'il a pu subir. Ces auteurs se répartissent sur un petit nombre de pays et de cultures occidentaux; je ne mentionnerai que ceux d'entre eux sur lesquels il apporte quelque chose de substantiel, car il mentionne beaucoup plus de noms, mais en passant, sans que cela ne mène la recherche à des résultats positifs: à la tête certains auteurs classiques, puis des anglais, des français, des allemands, et aussi des italiens, surtout du monde des arts, que nous verrons, comme dans la rubrique précédente, et que nous allons aborder tels qu'ils se présentent dans les œuvres complètes, le livre supplémentaire d'al-Qawwāl en question, ainsi que les autres recueils de correspondances, déjà cités dans le premier chapitre.

1- Dans «Ibn Sīnā wa-qaṣīdatuhu»,[114] analysé plus haut, on avait déjà quelques noms de poètes, dont il rapproche certaines réflexions de quelques vers d'Avicenne:

---

113 V. plus haut, chapitre I, sous les auteurs classiques de l'Islam.

114 *Al-Mu'allafāt al-kāmila,* I, *al-Badā'i' wa-l-ṭarā'if,* 539-541.

Shakespeare dont il compare la pensée avec le vers d'Ibn Sīnā:

waṣalat ʿalā kurhin ilayka wa-rubbamā
karihat firāqaka wa-hya dhātu tafadjdjuʿi [115]

ou alors Shelley, avec le vers suivant:

sadjaʿat wa-qad kushifa l-ghaṭāʾu fa-abṣarat

mā laysa yudraku bi-l-ʿuyūni l- ḥudjdjaʿi

ou Goethe,[116] méditant avec:

wa-taʿūdu ʿālimatan bi-kulli khafiyyatin
fī l-ʿālamīna fa-kharquhā lam yurqaʿi

ou enfin Browning:[117]

fa-kaʾannahā barqun taʾallaqa bi-l-ḥimā
thumma nṭawā fa-kaʾannahu lam yalmaʿi

De petites, mais sûres réminiscences de ses lectures multiples, cependant sans aucune référence exacte, ce qui a affaire avec les habitudes de beaucoup d'auteurs de sa génération, même de Ṭāhā Huṣayn lui-même, pour ne citer que cet intellectuel fameux de cette génération. Certains de ces auteurs reviendront encore une fois plus loin, dans un contexte différent, ou plus général, concernant la culture spécifique de certains pays européens.

A propos d'al-Ghazālī, il faisait des comparaisons entre lui et Saint Augustin. Ici nous sommes en face de notions plus concrètes, puisqu'il mentionne ses Confessions. Et je ne reviens pas sur ce qu'il disait là-dessus plus haut, ni sur la place occupée par le savant islamique en Europe.[118]

---

115 Ibid., 539; concernant le texte complet de ce poème avicennien, v. p. ex. K. al-Yāzidjī/A.Gh. Karam, *Aʿlām al-falsafa l-ʿarabiyya*, 566-567, et surtout F. Khulayyif: *Ibn Sīnā*, 127 sqq.

116 Sur Shelley et Goethe, v. *al-Muʾallafāt al-kāmila*, I, 539.

117 Ibid., 541.

118 Ibid., 542-543.

2- Mais c'est dans son étude de la traduction d'Andromaque[119] par Adīb Isḥāq qu'il montre un intérêt particulier à développer quelques réflexions plus étoffées que d'habitude sur la pièce et son contenu, à l'occasion de sa représentation, car sa traduction est plus vieille que la date du numéro du journal, dans lequel Djubrān avait publié son article[120]. Puisque son article dans le journal porte la date de celui-ci, on peut reconstruire la date de la représentation elle-même: le 30 janvier 1916, soirée dans laquelle certains de ses amis l'ont convié à assister avec eux à cette représentation. Les circonstances qui accompagnent l'introduction de la pièce sont très intéressantes, et dénotent une participation de sa part à la culture européenne classique et moderne:

Les amis cependant ne mentionnèrent dans leur invitation qu'«une pièce de théâtre arabe». Ce qui le poussa à leur demander, de quelle Andromaque s'agissait-il, et il apprit d'eux qu'il s'agissait de celle d'Adīb Isḥāq. Ceci suscita en lui des réflexions, d'abord d'ordre général, sur les circonstances bizarres de la vie «qui réunissent au même instant et en un même lieu des affaires éloignées, dont beaucoup n'auraient jamais pensé qu'elles auraient pu se réunir.[121]

Puis, continue-t-il, la réflexion m'a ramené vers Andromaque, cette femme misérable qui a joué un rôle triste dans la tragédie éternelle représentée par les grecs à Troie, et qui a inspiré à Homère, dans son Iliade, les plus belles pensées et les rimes les plus nobles, comme symbole de loyauté et de fidélité».

Mais après l'Andromaque des grecs, c'est celle «du grand Racine qu'étale devant ses yeux» sa «mémoire»; et c'est là que l'on apprend qu'il se l'est imaginée représentée à la Comédie Fran-

---

119 Au sujet d'Andromaque, v. al-Qawwāl, (Djubrān) *Nuṣūṣ khāridj al-madjmūʿa*, 48-52.
120 La traduction d'Adīb Isḥāq (1856-1885), de 44 pp., a été publiée avant sa mort.
121 Ibid., 48, 1 sqq.

çaise, «par Rachel,[122] cette femme fascinante», au siècle dernier, «devant Lamartine, Victor Hugo, Chopin et Sainte-Beuve,[123] (cette femme) qui leur faisait oublier leur passé et leur présent et les mettait à genoux devant elle, comme se prosternent les hindoux devant la terrible (déesse) Kālī».[124]

Et enfin, c'est l'œuvre d'Adīb Isḥāq[125] qui lui attire l'attention, ce qui a été déjà présenté sous cet auteur plus haut, et sur quoi je ne reviens pas ici. Ensuite lui vient à l'esprit la ville de Mersin, vieille colonie grecque. Et aussi «la femme syrienne, qui naît comme une nation, vit comme un bébé et disparaît comme un soupir. J'ai pensé à tous ces problèmes, puis je me suis dit à moi-même: combien la vie est curieuse et étrange, voici la femme mersinoise, qui joue le rôle d'une femme grecque, devant un public de syriens, dans une ville américaine. Alors que la pièce est née dans l'esprit d'Homère, et Racine l'a adoptée et Adīb Isḥāq s'est amouraché d'elle».[126]

Ce qui suit est une description de ses impressions devant la représentation de la pièce «qu'il a vue et dont il a suivi les chapitres jusqu'à la fin, écoutant chaque mot». Il est unique de pouvoir assister avec lui, à l'étalement de ses notations, dans lesquelles il témoigne de sa dimension d'auteur-poète et surtout de critique littéraire, même si sa critique n'est pas du genre normé par les écoles établies: un intellectuel-écrivain, un auteur-poète qui médite sur le niveau culturel du passé et du présent. Ecoutons-le s'exprimer:

---

122 Rachel, Elisabeth Félix, dite Rachel, actrice française (1821-1858), célèbre pour son engagement en faveur du renouveau de la tragédie classique.

123 Djubrān transcrit le nom du critique littéraire français comme suit, faussement: *Sān Bāf*, al-Qawwāl, *Nuṣūṣ khāridj al-madjmū'a*, 48, 2 d'en bas.

124 Ibid., 48, dernier paragraphe.

125 Ibid., 49, 1-2.

126 Ibid., 49, 3 sqq. Djubrān pense, à propos d'Homère, sans doute aux dialogues d'Andromaque avec son époux Hector, avant la bataille, et à sa plainte avant la mort, qui ont été traités effectivement par Homère, Iliade, 6.22, 6.24; alors que comme tragédie, la pièce est d'Euripide, et, après lui, de Racine; Adīb Isḥāq a traduit celle de ce dernier.

«J'ai plutôt vu deux pièces à la fois, l'une sur scène, et l'autre dans la foule des spectateurs: la première une tragédie intellectuelle qui commença à 9 h (le soir) et se termina à minuit; mais la seconde réaliste, avec la représentation de laquelle les jours ont commencé avant la construction de Babylone et de Ninive, dont les chapitres marchèrent avec les guerres et les occupations et ne se termineront qu'avec la fin de l'Empire Ottoman».[127]

Nous avons vu plus haut comment Djubrān voyait l'apport du traducteur arabe, qui, pour lui à juste titre, «n'était pas un dramaturge», mais «un écrivain de la politique et de la société». Cette impression s'accentue davantage au fur et à mesure qu'il avance dans la présentation de la pièce de théâtre: «il n' y avait, dit-il, dans les scènes de la pièce, aucune trace de Troie et aucun écho des grecs. L'esprit éternel, incarné par Sophocle, Euripide et Stéphanou dans leurs œuvres poétiques, était cette nuit éloigné de cete place, après l'éloignement de l'esprit d'al-Mutanabbī et d'al-Maʿarrī, des poètes égyptiens contemporains».[128]

Quant aux actrices,[129] il les a trouvées «loyales dans ce qu'elles voulaient témoigner; néanmoins, ajoute-t-il, la loyauté est une chose et l'art est une autre». Une actrice l'a particulièrement impressionné, non qu'elle ait spécialement bien joué le rôle d'Andromaque, mais parce qu'elle avait une voix dont il ne lui avait écouté de semblable sur une scène de théâtre arabe que rarement dans sa vie. Et c'est là que l'on apprend de lui quel rôle important ont joué dans sa vie le théâtre et le chant : «moi qui ai passé une grande part de ma vie à écouter la voix des acteurs et les mélodies des chanteurs et des chanteuses». Il fut fasciné par la voix de cette actrice, «alors que celle-ci n'était ni actrice ni chanteuse».[130]

Ce qui l'a touché, dans la voix de cette dame appelée Théodora Dībū, était quelque chose de torrentiel «qui l'emporta sur»

---

127 Ibid., 49, 10 sqq.
128 Ibid., 49, 16 sqq.
129 Ibid., 50, 3 sqq.
130 Ibid., 50, 6 sqq.

ses «sentiments de syrien et n'appartenait pas à ces éléments artificiels qui grandissent avec l'étude et l'exercice et sont utilisés par les artistes, pour faire passer ce qu'il y a dans leur âme vers l'âme de leurs auditeurs, mais c'était plus profond, plus curieux et plus simple que tout cela. Dans la gorge de la dame Théodora il y a des blessures psychiques. Quand elle parle ou chante, alors s'ouvrent ces blessures et en sort du sang de ses gens et de sa patrie. C'est comme si les dieux avaient fait d'elle, cette nuit, un exemple tangible pour les nations orientales qui furent vaincues dans leur cause comme Troie, devinrent tristes comme Hécube et se lamentèrent comme Andromaque». Elle chanta «trois chansons», une mélodie »qui évoque à l'auditeur tout ce qui a passé, s'est écoulé et lui peint devant ses yeux les traits des gens qui se sont éloignés de leurs patries et les spectres des amoureux qui ont perdu ceux qu'ils ont aimés». Une voix qui semble l'avoir poursuivi de sa magie, car la chanteuse «haussait, dans ces trois passages, sa voix, qui devenait comme une plainte de l'étang de la vallée au milieu du silence de la nuit, puis la baissait, et elle tournait en gémissement doux et fin. Une voix entremêlée de larmes, entourée de soupirs et interrompue de suffocations - la voix d'une mère qui a perdu ses petits enfants et s'est assise, sans savoir qu'elle était en train de se lamenter, la voix de la Syrie dans l'état de misère et de détresse, la voix de tous les vaincus, devant la face du soleil».[131]

Et il ajoute, rempli de nostalgie pour son Liban, dont il est resté jusqu'à la fin de sa vie particulièrement fasciné (surtout de sa région natale), et pour tout cet Orient ancien et moderne, dont Andromaque évoque en lui les ruines et les malheurs accumulés à travers les siècles:

«J'ai écouté cette voix[132] lorsque je me suis arrêté le soir au milieu des ruines de Baalbek. Je l'ai écoutée lorsque je me suis assis face aux murs de Jérusalem qui tombent en ruines. Et je l'ai

---

131 Le récit de cette aventure, amenée jusque là, va jusqu'à p. 51, 5, de cette même source.
132 Ibid., 50; ibid., 51, 6 sqq.

écoutée dans le port de Beyrouth sur un bateau français, alors que les enfants du Liban fixaient leur Montagne et lui faisaient leurs adieux avec des regards inondés de larmes. Et je l'ai écoutée dans ma solitude et dans mon isolement».

De ses amis il apprend que la dame était originaire de Tripoli; et il ne tarde pas à commenter: «et il est connu que les plus vieilles familles chrétiennes de Tripoli descendent de souches grecques». C'est ainsi qu'il se pose la question si la dame n'avait pas quelque chose de cet ancien sang, «et, à la première occasion qui s'est présentée à elle, elle ne s'est pas mise à ressusciter leur souvenir et chanter la complainte de leur gloire». Et, pour terminer, il exprime le désir de revoir la dame, pour qu'elle lui fasse entendre «une seconde fois les chants de son âme», afin que cet événement ne soit pas unique, car combien de talents chez un bon nombre de dames syriennes se sont éteints, «sans avoir laissé de traces de leurs pas sur le sable de ces rivages, ni d'écho dans les coins de ces vallées». Et Djubrān de conclure majestueusement, lui l'artiste ouvert non seulement à la littérature mondiale, mais à tous les aspects artistiques, lui l'artiste si épris de théâtre et de musique, comme on l'a vu plus haut:

«Les peuples vivent de l'aspect de leurs individus; et Dieu a fait que les aspects artistiques sont pour la vie des nations comme les fruits pour les arbres. Mais comment leurs fleurs peuvent-elles devenir des fruits mûrs, alors que nos traditions sociales arrachent les plantes de nos champs avant l'écoulement du printemps?».[133] Des réflexions qui mènent automatiquement à d'autres, concernant le développement général dans les pays orientaux et qui seront discutées sous la rubrique suivante.

3- Comme on le voit, ce que Djubrān nous laisse comme impressions sur les auteurs occidentaux ne dépasse pas les limites de notations rapides, qui néanmoins sont là et témoignent de cette ouverture dont il sera question plus loin. Ce qui semble le fasciner, quand il pense à l'Occident et le compare seulement à lui-même, c'est la dimension universelle, très humaine, dans la

---

133 Ibid., 52, 2 sqq.

culture, car le génie commence par être, pour lui, un grand poète, rejoignant par là toute une tradition orientale et occidentale, que Goethe[134] et d'autres après lui ont si bien représentée, comme on le verra très clairement dans le chapitre V. C'est pourquoi il a beaucoup d'admiration pour le grand poète allemand, sans aller au-delà de toutes brèves mentions, qui ne conduisent pas loin, ce qui montre qu'il n'a pas eu le temps d'aller à la fin de son désir de lecture de l'auteur du Divan occidental et oriental, peut-être parce qu'il n'a pas eu à sa disposition une édition anglaise ou française de lui.

Par contre, il a une vénération particulière pour Nietzsche, dont il voulait déjà en 1911 lire le livre «Also sprach Zarathustra» (Ainsi parla Z.), comme il le note à Mary Haskell: «Je suis content que tu lises Zārdasht.[135] Et moi j'ai un besoin urgent de le lire, mais gare à toi, si tu le lis en anglais. Et Nietzsche me paraît être Dionysos l'ermite; un homme supérieur (aux autres), qui vit dans les forêts et les campagnes; un être puissant, qui aime la musique, la dance et toutes sortes d'allégresse».[136] Nietzsche devient, selon un autre journal de Mary Haskell, pour Djubrān «le cerveau européen le plus proche du Messie. Il a haï le Christianisme, à cause de son soutien pour les faibles».[137] Elle ajoute qu'ils ont causé aussi de Wagner, «que Khalil décrivit étant chrétien dans son essence, mais pas pareil au Messie».[138]

Et dans une note du 30 août 1913, elle rapporte un mot sur le philosophe allemand, alors qu'ils étaient dans un restaurant et que notre auteur lui contait ses impressions sur L. de Vinci, «la personnalité la plus étonnante du monde»,[139] dont il a mis en

---

134 Nous avons vu plus haut comment il le comparait à Avicenne; v. aussi p. ex. *Nabiyy al-ḥabīb. Rasā'il al-ḥubb bayn* M. Haskell..., I, 91, 4 d'en bas.

135 Il s'agit du livre allemand (version anglaise) de Also Sprach Zarathustra (Ainsi parla Z.) de Nietzsche.

136 *Nabiyy al-ḥabīb*, I, 50, 16 sqq.

137 Sur Djubrān et Nietzsche, v. entre autres: Stefan Wild, Nietzsche and Gibran, in: Gibran of Lebanon, éd. S.B. Bushrui/P. Goteh, 59-77.

138 *Nabiyy al-ḥabīb*, I, 98, 19 sqq.

139 Ibid., I, 163, 5 sqq.

exergue le tableau représentant Sainte Anne, Marie, Jésus et l'agneau, étant «la plus belle peinture sur terre, mais pas la plus belle planche, et sur Michel-Ange qui l'amène à Nietzsche: «Il était un peintre grandiose; il a peint l'homme supérieur, supérieur en corps et en virilité, un Dieu humain, avec une barbe. Alors que la peinture de Léonard (de Vinci) était mentale; il voulait peindre pour les hommes ce que ceux-ci n'ont pas pu comprendre». Et nous voilà en milieu nietzschéen qui lui fait remarquer: «Nietzsche m'a arraché les mots de mon esprit. Il a cueilli le fruit de l'arbre, vers lequel je me dirigeais. Mais il m'a précédé de trois cents ans, et je planterai mon arbre de ma propre main, et cueillerai ses fruits pour six cents ans à venir».[140]

Dans une autre du 10 juin 1912, Haskell écrit au sujet de Djubrān et de Nietzsche: «Il a aimé Nietzsche dès l'âge de 12 ou de 13 ans». Et elle ajoute le citant: «son style me plaisait toujours; mais je croyais que sa philosophie entière était terrible et fausse. A l'époque j'adorais la beauté - et la beauté à mon sens était la plus attrayante des choses - ainsi que l'harmonie, la musique, le chant et d'autres choses de cette sorte. Ce que j'avais écrit avant l'âge de 23 ou de 24 ans était coulant, musical. Je n'avais pas appris à tenir à une autre mélodie plus grandiose pour la vie. En cela se concentrait tout. C'est pourquoi je croyais que la philosophie de la destruction toute entière était erronée. Dès lors, et graduellement, ma découverte pour Nietzsche augmenta. C'est ainsi que se réalisait avec les jours le fait que, si nous nous laissons guider par le style d'un homme, il nous est aussi indispensable de nous plier à ses idées. Car les deux (côtés) ne se séparent pas».[141]

---

140 Ibid., I, 163, 11 sqq.

141 Ibid., I, 101, 2 sqq.; avec ces derniers mots, cités ci-dessus, l'auteur se place dans une excellente tradition classique qui considère la forme et l'idée comme un seul ensemble indissociable, comme l'âme et le corps forment ensemble l'être humain, dont ils sont l'expression, v. p. ex.: M. Ait El Ferrane, Die Maʿnā-Theorie bei ʿAbdalqādir al-Ǧurǧānī, qui était à l'avant-garde de cette innovation en philologie. Quant aux relations de Djubrān avec le philosophe allemand, S. Wild, Gibran and Nietzsche, 67 sqq., a mis au clair la plupart des

4- Voilà ce qu'il y a en gros sur le philosophe allemand *expressis verbis*, et il fallait étudier ce problème de plus près, en tenant compte des similitudes et des différences, sur tous les niveaux. Alors que nous avons beaucoup plus de matière sur les auteurs anglais, avec lesquels déjà le milieu, dans lequel il vivait, et aussi des tendances similaires de perception du sens de la vie le rattachaient de manière très intime. Parmi eux Shakespeare l'a le plus occupé, et il l'admire sans aucune réserve, comme on peut s'en rendre compte dans plusieurs annotations, même courtes, sur lui, surtout dans la correspondance entre lui et Mary Haskell. En Shakespeare il voit la réalisation de son idéal, qui commence par affirmer sa conviction que «l'homme est un grand poète, avant qu'il ne devienne un grand amoureux. Et ceci je le constate aujourd'hui chez Shakespeare, chez Achile, chez Homère et chez Job; car il n'y a pas de poète qui maudisse le sommeil dans son insomnie – il lui adresse plutôt la parole».[142] Ceci se comprend bien, à l'intérieur de l'univers djubrānien, dans lequel il définit la poésie comme étant «la prolongation de la vision - alors que la musique est la prolongation de l'ouïe».[143] Là il emploie dans la première partie de sa phrase le mot *ru'yā* qui signifie bien sûr *vue*, en opposition à *sama*ʿ, *ouïe*, alors qu'il aurait pu choisir plutôt *baṣar* ou *naẓar*; cependant il amène *ru'yā*, parce que ce mot s'emploie avant tout dans un sens abstrait, et signifie vision; c'est lui qui apparaît dans le domaine des visions prophétiques par exemple, de là son ambivalence ici et sa portée à double volet; c'est pourquoi il faut rapprocher cette

---

points de rencontre entre les deux, attiré aussi l'attention sur les mauvaises traductions de l'œuvre du philosophe allemand, sur les ressemblances extérieures et intérieures, mais aussi sur certaines différences importantes. Les différences, qui en réalité sont énormes, deviendront de plus en plus claires, quand on appréciera à sa juste valeur l'apport social et culturel éminemment positif de l'idéologie de Djubrān, qui critique et détruit, pour reconstruire en mieux. De toute manière, les relations des deux auteurs devraient être réexaminées attentivement, en tenant compte de toutes les composantes touchant les lectures exactes de Djubrān d'un côté, et les dimensions réelles de la vision d'un chacun d'eux, dans tous les domaines, d'un autre.

142 Ibid., I, 123, 5 d'en bas sqq.

143 Ibid., II, 40, 4.

phrase de ce qu'il disait un peu plus haut sur le sommeil, où les inspirations poétiques, comme les visions prophétiques, ont lieu; il s'y réfère concernant le rôle du poète, tout clairement.[144] Ce qui est particulièrement intéressant et instructif dans cet engouement est bien le désir de Djubrān d'écrire un livre sur Shakespeare, comme il le dit dans une lettre du 16 mai 1929 à Haskell: «mon livre sur Shakespeare reste une idée dans ma tête. Parfois je sens comme si je pouvais l'écrire en un mois. Mais en vérité je suis à présent accablé. Le peu d'écrits en arabe me consomme la grande part de mes forces; et il me serait meilleur d'écrire *Djannat al-nabī*, avant de me lancer à écrire sur Shakespeare. N'est-ce point aussi ton opinion?»[145]

D'autres ont attiré ses regards de manière différente, nuancée. En tête bien sûr le grand poète William Blake (1757-1827), pour lequel l'admiration est effrénée, puisqu'il le compte comme une divinité: «Ruskin, Carlyle et Browning ne sont que de petits enfants dans le royaume de l'esprit. Tous sont des bavards. Quant à Blake, il est l'Homme-Dieu, et ses dessins sont ce que la peinture anglaise a créé de plus profond jusqu'à présent, et sa vision, mis de côté sa peinture et sa poésie, est plus divine».[146] Globalement ressort, surtout de la correspondance citée ici, que les poètes anglais l'avaient énormément impressionné, en particulier ceux d'entre eux qui avaient plus d'affinité avec sa propre nature, comme on le voit de manière toute évidente chez Blake, poète et peintre à la fois, avec un sens pour l'esprit universel.[147]

---

144 Ceci ressortira plus clairement dans ses définitions du rôle du poète, que nous verrons sous le chapitre V.

145 *Nabiyy al-ḥabīb*, III, 142, 9 sqq.

146 Ibid., II, 118, 1 sqq.

147 On a souvent tendance à voir chez Djubrān une véritable identité dans la vision artistique avec celle de Blake. Déjà B. Young avait attiré l'attention sur le danger d'une telle vue, car d'abord il n'est pas du tout sûr que la phrase de Rodin, que Djubrān «était le William Blake du 20e siècle», soit vraiment de lui. Les ressemblances qui sont voyantes (p. ex. tous les deux étant des poètes, des peintres et des mystiques) ne vont en aucune manière jusqu'à l'identification, là-dessus, v. B. Young, This Man from Lebanon, trad. allem., 38-39; etc...

Dans une autre lettre de Haskell, du 25 janvier 1925, elle lui interprète ce que lui-même sent pour le même Blake, en des termes typiques à notre auteur: «Blake est un géant. Car la voix de Dieu et le doigt de Dieu sont visibles dans tout ce qu'il fait. Et ce qui est curieux, c'est qu'il semble être éloigné même des choses qu'il accomplit; et ses écrits semblent souvent comme s'ils avaient été composés dans une langue étrangère, comme s'il s'était habitué à s'exprimer sur lui-même dans une autre langue; et il n'emploie sa (propre) langue que parce qu'elle est la langue de la terre, sur laquelle il s'est découvert. Son exemple est celui d'un homme qui peint et joue avec deux gants épais, ou avec un doigt que le froid a gelé. En réalité, il sent qu'il est plus proche de toi, ô Khalīl, que de tous les autres, et en même temps il sent qu'il est le plus fortement éloigné, comme s'il avait quitté vers une prise de conscience plus large».[148]

Il revient encore une fois sur cette dernière idée d'universalité, en insistant sur le rôle de la poésie chez les anglais, qui les introduisit dans un monde plus humain et plus large: «les seuls en Angleterre, écrit-il à Haskell le 16 mai 1916, qui ont compris toute chose de manière globale, sont les poètes; mais on ne leur a pas donné l'occasion de servir leur patrie, comme les autres poètes ont servi les leurs. L'Angleterre devrait mourir, avant de pouvoir vivre en dehors de son coquillage».[149]

Dans sa correspondance avec Mayy Ziyāda, dont il a été question plus haut déjà, nous retrouvons beaucoup de notes, en général très fugitives, concernant les mêmes ou d'autres poètes ou auteurs: dans une lettre du 24 janvier 1919, à sa dame, qu'il tâche de gagner, afin de l'amener «vers les champs magiques,[150] où se trouvent Sapho, Elizabeth Browning», femme de Robert mentionné plus haut, «et Alice Schriner[151] et d'autres de tes

---

148 Ibid., II, 157 (il s'agit du deuxième texte, du 25 janvier 1918) -158, 1.

149 Ibid., II, 133, 10 sqq.

150 *Al-Shuʿla l-zarqāʾ*, 37, 10 sqq.

151 Sapho, une poétesse grecque du 6e siècle av. J.; Elizabeth Barett Browning (1806-1861) a épousé Robert Browning, qui est tombé amoureux d'elle à travers ses poèmes, avant de la connaître personnellement; et Schriner (ainsi mention-

sœurs, qui ont construit une échelle d'or et d'ivoire entre la terre et le ciel». Les auteurs anglais ou anglophones jouissent comme on le voit d'une appréciation considérable, naturellement Shakespeare au sommet, qu'il cite là où cela lui vient à l'esprit, comme dans une lettre du 11 juin de la même année, se référant à Hamlet, acte 4, scène 5, et cela pour décrire qu'il était à l'unisson avec elle, dans la peur et l'agitation:

«Do not fear our person
There's such divinity doth hedge a king
That treason can but peep to what it would
Acts little of his will».[152]

5- Il y a, cependant, un côté important, même très important, quand on pense aux relations de l'auteur avec le monde occidental: il était le fils du Liban du temps qui vivait fortement sous les impulsions culturelles et sociales qui venaient de la France, comme Ṭāhā Ḥusayn qui voyait en la France la Métropole de l'esprit et en Paris la nouvelle Athènes. Nul n'a, cependant, comme Faraḥ Anṭūn (1874-1922),[153] fait connaître les idées colportées de France, celles de la Révolution Française, des grands courants des libres penseurs, en provenance de ce pays, marquant plus ou moins profondément tous ceux qui s'en sont occupés dans les pays arabes.[154] Influence claire, à laquelle n'a pas

---

née, *al-Shu'la*, 37, note 3 des éd., est-elle identique à Olive Schreiner 1885-1920?), était connue pour ses idées en faveur de l'émancipation des femmes.

152 *Al-Shu'la l-zarqā'*, 54, où ces vers de Skakespeare sont cités.

153 Sur lui, v. Y.A. Dāghir, *Maṣādir al-dirāsa l-adabiyya*, II, 149-152; et le livre de Donald Reid, The Odyssey of F. A.

154 Et pourtant, au regrès de tous ceux qui ont lu attentivement son œuvre, à leur tête Dāghir, ibid., 149, on constate qu'il y a énormément de côtés de cette œuvre si imposante et riche, sur le plan de la réception de la culture française, dans son ensemble, qui ont été négligés jusqu'à maintenant, et qui mériteraient plusieurs investigations exhaustives. Car, réduire Faraḥ Anṭūn à un réceptacle des idées, en rapport avec les libres penseurs, est inéquitable. Son œuvre offre une vraie mine d'informations, sur tous les sujets politiques, sociaux et culturels, et son étude jetterait plus de lumière sur l'ensemble de la Renaissance arabe moderne, aussi par rapport à certaines influences, non exploitées, sur Djubrān.

pu échapper aussi Djubrān, même si elle n'est pas tangible *expressis verbis*. Dans la correspondance en question, il y a peu de choses concernant la France: ici et là il revient à Rodin et d'autres peintres qui l'ont impressionné; voici un paragraphe intéressant sur ce sujet:

«Aujourd'hui je prends des notes concernant différents peintres contemporains, comme Rodin, Carrière, Henri Martin, Simon et Ménard. Chacun d'eux a, dans ses chefs-d'œuvre, un langage spécial, et il l'exprime dans sa langue spéciale. Néanmoins les tableaux de Carrière sont les plus proches de mon cœur: ses personnages, peu importe debout ou assis derrière le brouillard, me parlent le plus, parmi toutes les œuvres de tout autre peintre, à l'exception de Léonard de Vinci; Carrière a en effet compris la langue des visages et des mains plus que tous les autres peintres; il a compris la personnalité humaine dans sa profondeur, dans sa hauteur et dans sa largeur. Sa vie de plus n'est pas moins belle que ses œuvres: il a beaucoup souffert et su la magie de la douleur; il a compris que les larmes confèrent de l'éclat à toute chose».[155]

Il n'est cependant pas toujours aussi tendre vis-à-vis des poètes français, comme on peut le constater dans une lettre à Mayy Ziyāda, du 28 janvier 1920: «Je suis plus du côté de Charles Guérin, mais je sens que l'école à laquelle il appartient, ou l'arbre dont il est l'une des branches, n'était pas dans la forêt céleste. La poésie française dans la deuxième moitié du 19e et du début du 20e siècle était la fin de quelque chose qui a existé, au lieu d'avoir été un début pour quelque chose qui n'avait pas existé - je veux dire qui n'avait pas existé dans le monde des sens».[156]

Et il leur oppose des innovateurs du domaine de l'art et de la musique: «A mon avis le sculpteur Rodin, le peintre Carrière et le musicien Débussy ont marché sur des voies nouvelles, c'est

---

155 *Nabiyy al-ḥabīb*, I, 27, 10 sqq., concernant la souffrance et les larmes dans la vie du poète, de l'artiste, v. plus loin chap. V, n° 6.

156 *Al-Shuʿla l-zarqāʾ*, 85, 4 d'en bas -86, 1.

pourquoi ils ont appartenu aux grands. Alors que Guérin et ses compagnons allaient et vont toujours jusqu'à maintenant sur des voies que leur avait tracées la situation spirituelle en Europe avant le temps de la guerre. Malgré qu'ils ressentent la beauté de la vie, et ce que la vie contient comme douleur, joie, choses visibles et choses secrètes, ils représentent le soir d'une époque, au lieu du matin d'une nouvelle. Je suis d'avis aussi que les écrivains et poètes du monde arabe de nos jours représentent, mais en miniature, la même idée, la même situation et la même époque».[157]

L'idée de grandeur il la met aussi en rapport avec d'autres peintres français, dans une lettre à la même dame, du 17 janvier 1924: «Je disais, alors que j'étais à l'aube de ma vie, que De Chavannes était le plus grand peintre français, après Delacroix et Carrière. Mais aujourd'hui, alors que j'ai atteint l'après-midi de ma vie, je me suis mis à dire que De Chavannes est absolument le plus grand des peintres du 19e siècle, parce qu'il est le plus simple de cœur parmi eux, le plus simple de pensée, le plus simple d'expression et le plus pur d'intention; et même j'ai commencé à dire que De Chavannes est parmi les artistes(-peintres) comme Spinoza parmi les philosophes».[158]

Autrement les auteurs français jouent un rôle plutôt secondaire, à l'intérieur de ces grandes perspectives, si l'on met de côté certaines observations pertinentes sur l'un ou l'autre des artistes-peintres, ou alors des personnalités importantes parmi les artistes du spectacle, comme Sarah Bernhardt (1844-1923), qu'il a peinte et qu'il qualifie de «divine», dans une lettre à Haskell du 27 mai 1913, et son portrait d'elle de «grand succès», malgré la peine qu'il a eue, dans son travail, et qui le fait dire: «Si j'avais à passer par la même entreprise avec les autres dames et hommes grands, je devrais peut-être abandonner l'art de la peinture, pour devenir un politicien».[159] Malgré tout, c'est elle

---

157 Ibid., 86, 2 sqq.
158 Ibid., 159, 4 -160, 4.
159 *Nabiyy al-ḥabīb*, I, 150, deuxième lettre.

qui lui arrache le qualificatif mentionné ci-dessus, qu'il n'emploie pas par exemple pour une autre grande danseuse américaine, Ruth Saint Denis,[160] qui lui a posé comme modèle, et était créatrice (avec Ted Shawn) de la Denishawn School en 1915, qui était un centre de formation des premiers chefs de file de la *modern dance*: «Elle a, note Haskell le 26 avril 1914, citant Djubrān, des talents dignes d'appréciation, autrement elle n'aurait pas pu exceller comme elle l'a fait. Elle m'a même proposé de venir ici, pour danser devant moi, mais je n'ai pas voulu la voir».[161]

6- Nous avons vu plus haut la différence qu'il faisait entre De Vinci et Michel-Ange. Il y revient encore une fois, comme le note Haskell fin septembre -7 octobre 1922: «Michel-Ange n'était ni le plus grand peintre, ni le plus grand artiste, mais il était le plus grand être dans le mouvement de la renaissance de l'art. Quant à Léonard (De Vinci), il était le plus grand peintre, mais il était un réaliste, sur la terre, et dans les portées de ses horizons; Michel-Ange par contre était mêlé à la terre, aux horizons et à l'air. Le plus grand des artistes était Titien. L'art est l'essai de l'homme d'exprimer ce qui se doit; et les hommes durant toutes les époques de leurs vies ont toujours aimé ce qui est délicieux, cependant tout ce qui est beau n'est pas toujours délicieux, et tout ce qui est délicieux est toujours beau. Velazquez est aussi un grand peintre, meilleur encore comme grand artiste. Quant à Raphaël, il était un peintre, pas plus. Quelqu'un a dit à son propos: il n'a rien à dire, mais il dit avec une rhétorique suprême; ses meilleures périodes étaient celles de sa jeunesse, car il était à l'école de Perugino et sous son influence. Celui qui est satisfait de lui-même, ne peut pas se voiler aux gens; et sitôt qu'il accepte d'être non désiré, il devient véritablement désiré».[162]

Parmi les peintres italiens il a une admiration spéciale pour Montegna, à propos duquel il note dans une lettre à Mayy, du

---

160 Les dates de cette danseuse: 1880-1968.

161 Ibid., II, 34, 6 d'en bas sqq.

162 Ibid., III, 92, 3 d'en bas sqq.; Perugino, Pietro (?), 1445-1523.

28 mars 1925: «ô Marie, je suis un très grand admirateur de Montegna. A mon avis, chaque tableau de lui représente un beau poème lyrique. Mais tu dois visiter Florence, Venise et Paris, pour voir les œuvres de cet homme, qui sont étranges et excentriques, avec tout le sens que l'inspiration et la révélation impliquent».[163]

Partout où il se promenait en Europe, il laissait de petites notices sur ses impressions concernant les peintres locaux, par exemple aussi par rapport à des peintres anglais; dans une lettre du 3 juillet 1910, cette fois de Londres qu'il a visitée durant son séjour parisien, lettre écrite ensemble avec Amīn al-Rayḥānī, à son ami Yūsuf al-Ḥuwayyik:[164] «Cher Yūsuf, nous sommes, dans la ville enveloppée de nuages noirs, comparables aux oiseaux du sud qui se sont perdus dans la tempête du nord. Mais que peuvent faire les ouragans contre les oiseaux du paradis, et quelle force est capable de nous éloigner des branches couvertes des fleurs des arts. Nous nous sommes arrêtés, remplis d'un profond respect, devant les tableaux de Watts, poète des peintres, et Rossetti peintre des poètes; et nous avons médité les tableaux de Burne-Jones, qui font revivre au 20e siècle ce que Botticelli avait imaginé au 15e siècle. Nous commençâmes à la condition que chacun de nous écrive une ligne; mais Djubrān fut pris de folie par les arts, et il oublia son frère trompé... Je demande à Dieu pardon. Tu sais, ô Yūsuf, il (=Djubrān) ne peut et ne veut pas oublier son frère, mais les arts...». Et Amīn, qui est ici ce «frère», ne manque pas d'ajouter que «le premier d'entre eux», c'est-à-dire Djubrān, «considérait l'amour des arts comme comparable aux arts de l'amour».[165]

163 *Al-Shu'la l-zarqā'*, 191, 4 sqq.

164 Yūsuf al-Ḥuwayyik (1883-1962) était un ancien ami d'enfance à Djubrān, à Beyrouth, au Collège *al-Ḥikma*, et surtout à Paris, où tous les deux ont étudié entre 1909 et 1910 les beaux arts; sur lui v. *Rasā'il Djubrān al-tā'iha*, 61-62, que lui consacre l'éditeur Riyāḍ Ḥunayn.

165 Ibid., 63, 1 sqq. La lettre a été écrite par les deux amis de Londres, où les deux ont passé ensemble un mois. Watts (George Frederic ?), 1817-1904, peintre

7- Et pourtant, comme pays, c'est la France, plutôt sa capitale qui occupe la première place dans son âme d'artiste, de poète, bref de génie créateur, comme on le voit d'une manière tout à fait plastique dans ses rêves de cette ville, qu'il confie à son ami Djamīl al-Maʿlūf,[166] dans une lettre à ce dernier de 1908:

«J'ai écouté que tu avais l'intention de revenir à Paris, pour y habiter. Moi aussi je veux y aller; allons-nous nous rencontrer dans la ville des arts? Allons-nous nous rencontrer dans le cœur du monde, pour y habiter ensemble, aller la nuit à l'opéra et au théâtre français, puis revenir pour nous entretenir au sujet de Racine, de Corneille, de Molière et de Hugo? Allons-nous nous rencontrer là-bas, pour marcher lentement vers la place où était la Bastille, puis pour retourner à la maison, en sentant le contact avec l'esprit de Rousseau et de Voltaire, et pour écrire, et écrire, et écrire sur la liberté et la despotie, afin que nous soyons de ceux qui aident à la destruction de la Bastille, qui est implantée dans chaque pays d'Orient? Ou allons-nous partir au Louvre, pour rester devant les tableaux de Raphaël, de de Vinci et de Caro, et revenir après cela à la maison, pour écrire, et écrire et écrire au sujet de l'amour, de la beauté et de leur influence sur les cellules du cœur humain? Ah, mon frère, je sens en moi une faim profonde de m'approcher des actions grandes et imposantes, et un désir tuant vers les grands mots éternels; et je sens en moi que cette faim et que ce désir sont le résultat d'une force existante dans mes profondeurs, d'une force qui veut se manifester rapidement, mais qui n'en est pas capable, parce que le temps (pour cela) n'est pas encore arrivé – du fait que les gens

---

et sculpteur anglais. Dans la lettre: Brn Djwn, est-il le même que Burne-Jones, Sir Edward, 1833-98, peintre anglais? Botticelli (?), en arabe: Būrtātshlī.

166 Djamīl Maʿlūf (1879-1951) a émigré en 1897, pour quelque temps en New York, où il aida son oncle Yūsuf Naʿman al-Maʿlūf, dans la rédaction du journal al-Ayyām; une fois la publication de celui-ci stoppée, il se dirigea vers le São Paulo, de la vers Paris et Istanbul, puis en 1909 il retourna au Liban, où il œuvra à publier des livres sur la politique et l'histoire. De plus, on lui connaît des traductions et des poèmes philosophiques. Sur lui, v. ibid., 39, et Y.A. Dāghir, *Maṣādir al-dirāsa l-adabiyya*, II, 688-691.

qui sont morts dès leur naissance sont des pierres d'achoppement debout sur la route des vivants».[167]

De même réagit-il, dans une lettre à un ami, resté anonyme, qui est très vraisemblablement le même al-Maʿlūf, insistant, et comment, sur son désir d'aller à Paris:

«Tout ce que le cœur de l'homme désire ardemment, fortement, il y arrive. Ne te rappelles-tu pas que je t'ai dit une fois que j'irai à Paris, et que j'y passerai une partie de ma vie sous ce ciel rempli du souffle des grands hommes, qui ont rendu la vie belle, avec la beauté de leurs âmes? Voici mes rêves réalisés, car, à peine que cette lettre te sera arrivée, je serai prêt à voyager vers la capitale des arts, le berceau de la liberté, le théâtre de la poésie, de la pensée et de l'imagination. Et j'y resterai un an et demi, puis j'irai en Italie, pour visiter ses vestiges et ses musées, et assouvir cette âme affamée avec les beautés de ses montagnes, de ses vallées et de son ciel. Mais à Paris je serai occupé à peindre et à écrire à la fois, attentif, avec tout ce qu'il y a dans mon âme comme oreilles, à la mélodie de la civilisation, et regardant, avec tout ce qu'il y a dans mon esprit comme yeux, les spectres de la société.

La vie, mon frère, n'est qu'une larme et qu'un sourire;[168] et voici que le temps des larmes a passé, et les sourires surgissent, comme surgissent les étoiles de derrière le crépuscule sombre. Je te le dis, parce que mon voyage à Paris est pour moi le début d'une vie nouvelle toute remplie des grandes actions, des rêves doux et des mélodies magiques, car je sens qu'il y a à Paris une

---

167 *Rasāʾil Djubrān al-tāʾih*, 42, 14- 43, 4.

168 Allusion aussi à son livre *Damʿa wa-ibtisāma, al-Aʿmāl al-kāmila*, 263 sqq., qui tire son titre d'un chapitre du livre *Ibtisāma wa-damʿa*, ibid., 276-278, dont le thème rayonne sur d'autres chapitres du livre, et veut témoigner de l'immortalité de l'amour, avec des lois tout autres que celles des humains; et nous savons que Mayy Ziyāda avait publié sa traduction allemande du livre de Friedrich Max Müller (1823-1900), orientaliste et écrivain allemand, *Deutsche Liebe* (Amour allemand), sous le titre *Ibtisāmāt wa-dumūʿ*.

force secrète, qui laisse pousser des fleurs à partir des grains, et croître des arbres à partir des plantes».[169]

On n'est pas loin de cette atmosphère décrite dans les Lettres persanes de Montesquieu, même s'il s'agit là de ridiculiser l'attitude de certaines classes de la vie parisienne et de certains lieux fréquentés par elles, comme l'institution du café, peinte de la manière suivante: «Le café est très en usage à Paris: il y a un grand nombre de maisons publiques où on le distribue... Il y en a une où l'on apprête le café de telle manière qu'il donne de l'esprit à ceux qui en prennent: au moins, de tous ceux qui en sortent, il n'y a personne qui ne croie qu'il en a quatre fois plus que lorsqu'il y est entré».[170] Malgré cela, Paris représentait quelque chose de particulier, non seulement pour l'étranger, mais aussi pour l'Europe, comme le montre l'excellente monographie de la ville au XVIIIe siècle par Pierre Gaxotte,[171] sur laquelle je reviendrai un peu plus loin. Ceci s'est poursuivi tout au long du XIXe et jusqu'au début du XXe siècle, comme en témoignent les nombreux cas d'intellectuels, d'artistes, de compositeurs de musique et d'autres, aux génies desquels la ville a donné carrément des ailes. C'est de cette atmosphère que parle Djubrān.

On voit avec quelle nostalgie, avec quelle aspiration, avec quelle attente il guettait un voyage à Paris, qui était aux yeux de beaucoup d'intellectuels arabes, et non seulement pour Djubrān, un lieu particulier de l'Europe, un véritable sanctuaire, pour assouvir leur attente et développer leurs talents. Même Salāma Mūsā, plutôt tourné vers l'Angleterre et sa culture, à cause de l'esprit purement scientifique qui l'intéressait et qu'il trouvait plutôt là, comme il le dit, n'est cependant pas resté insensible au charme de cette ville, car il la considérait comme «un centre des cultures européennes, plutôt comme un flambeau de la culture, vers la lumière duquel se dirigent les yeux des européens la

---

169 Ibid., 86, 1 sqq.

170 Lagarde/Michard, vol. IV (XVIIIe siècle) 85 (tiré d'une lettre de Paris, le dernier de la lune de Zilhagé, 1713).

171 Paris au XVIIIe siècle.

nuit».[172] Dans un autre passage Mūsā nous décrit l'esprit de la renaissance française, «qui, dans sa totalité, ressemble à une pure renaissance littéraire; dans ses œuvres et son essence cependant elle était plus grande que cela, elle était une invitation enthousiaste à libérer l'esprit humain, à le glorifier et à le prendre comme soutien. Tous ses héros considéraient l'Europe, plutôt le monde entier, comme leur patrie. On peut à peine trouver une nouvelle tendance moderne de nos jours, en littérature, en sciences ou en philosophie, qui ne se réfère à eux, soit par l'inspiration soit par l'indication directe».[173] Gaxotte nous livre, dans sa monographie de la ville, plusieurs exemples tirés de différents domaines de la vie, qui montrent clairement comment cette ville réunissait au siècle des lumières des invidus particulièrement performants, de tous les pays d'Europe, les intégrait et les amenait, indépendamment de leurs nationalités, au grand succès.[174] Dans ses «Littératures Parisiennes», J. Barozzi amène l'opinion de plusieurs écrivains, poètes et autres personnalités de mérite en Europe sur l'importance de Paris, comme capitale de l'esprit, dans l'éclosion du génie, aussi celle de Goethe, dans ses «Conversations avec Eckermann»:

«Maintenant, imaginez, dit Goethe à Eckermann, une ville comme Paris, où les meilleurs cerveaux d'un grand royaume sont réunis sur un seul point et s'instruisent et s'exaltent réciproquement par un contact, une lutte, une émulation de tous les jours; où l'on a constamment sous les yeux ce qu'il y a de plus remarquable dans tous les domaines de la nature et de l'art du monde entier; songez à cette cité universelle, où chaque fois qu'on traverse un pont ou une place, le souvenir d'un grand

---

172 Salāma Mūsā, *Tarbiyat S. M.*, 83, 4 sqq.; malgré cette admiration immense pour la culture française, l'auteur décrit, en termes très clairs, les raisons qui l'ont poussé à préférer l'anglaise: «je me suis trouvé, à cause de mon orientation scientifique, quant à l'avenir de mes jours, plus intéressé par la lecture de livres anglais, et je les préfère aux français, parce que les anglais expriment plus une tendance pragmatique, d'examen, que l'on voit souvent éloignée ou absente de la mentalité française».

173 Salāma Mūsā, *Mā hiya l-nahḍa*, 82, 5 sqq.

174 Gaxotte, Paris au XVIIIe siècle, 7 sqq. (Le rayonnement de Paris).

passé se réveille, où chaque coin de rue a été témoin d'un événement d'une portée historique. Et surtout n'allez pas vous imaginer le Paris d'un âge sans lumières et sans esprit, mais le Paris du XIXe, dans lequel, depuis trois générations, des hommes tels que Molière, Voltaire, Diderot et leur semblables ont mis en circulation une abondance d'idées comme on ne la reverra plus jamais, réunie sur un point unique de la terre... Ainsi donc, cher ami (poursuit Goethe), je le répète: pour qu'un talent se développe rapidement et avec bonheur, il importe que soit répandus dans la nation beaucoup d'esprit et une solide culture».[175]

Et Djubrān a pu aller dans cette capitale française, où il a pu sentir cette ambiance décrite par Goethe, sans avoir connu la description si belle et évocatrice de celui-ci, et d'où nous décrira ses impressions concernant son anniversaire, qui sera étudié plus loin dans le chapitre V. Et quelle vision de rêve il en a gardé, qu'il décrit au même ami Maʿlūf, dans une lettre du 23 avril 1912, après sa rentrée de Paris vers l'Amérique:

«Comment vas-tu, ô lune, et comment vont tes affaires? Es-tu content à Paris, jouissant de sa majesté et de sa beauté, adonné à scruter ses coins cachés, ses secrets et ses avantages? Paris, Paris, Paris, théâtre des arts, de la pensée et lieu où descendent l'imagination et les rêves – A Paris je suis né une seconde fois, et en elle je voudrais passer le reste de ma vie, mais j'espère que mon tombeau sera au Liban. Si le destin me souriait et réalisait quelques-uns des rêves qui voltigent autour de ma tête, je reviendrais à Paris et donnerais à manger à mon cœur affamé, et à mon âme assoiffée, de telle manière que nous puissions participer à dévorer son pain céleste et boire son vin magique».[176]

Dans une lettre à son cousin paternel Nakhla,[177] du 7 mai 1910, il lui parle de l'ouverture de la foire des arts à Paris, où

---

175 J. Barozzi, Littératures Parisiennes, 44-45.

176 *Rasā'il Djubrān al-tā'ih*, 46, 1 sqq.

177 Nakhla Djubrān est un cousin germain à notre auteur, et un ami d'enfance, de Bcharri (Bsharrī). Lui aussi a émigré, mais au Brésil. Les lettres

l'on peut constater le même engouement pour l'atmosphère de cette capitale, ici pour sa foire «qui est pour la civilisation moderne comme Sūq ʿUkāẓ l'était pour les arabes préislamiques; et j'aurais souhaité, ô Nakhla, si tu avais pu être présent à Paris, pour constater la grandeur de l'état français, qui apparaît dans ses plus beaux aspects, et pour voir de tes propres yeux les beautés des arts, incarnées dans des tableaux et des statues, qui ressemblent aux miracles et aux choses étranges dont a parlé l'auteur des 1001 Nuits».[178]

Et c'est là qu'on apprend qu'il a lui-même exposé un de ses tableaux: «parmi les tableaux et les statues des plus grands peintres et sculpteurs du siècle, dans cet immeuble, ajoute-t-il, que l'état français a érigé pour représenter sa puissance et sa richesse, il y a un tableau de la main d'un jeune libanais, qui a grandi sur le flanc de la vallée de Qādīshā. Moi, ô Nakhla, je ne pouvais pas rêver de voir que la commission d'arbitrage devait accepter un tableau de mon travail, pour l'accrocher à côté des tableaux créés par les têtes des plus grands artistes; mais je travaillais et étudiais nuit et jour, afin d'arriver à ce privilège spirituel qui consoliderait mes espoirs dans l'avenir et détournerait ma vue vers le soleil».[179] On a beaucoup écrit sur le talent de Djubrān, comme peintre, les uns se référant à de tels passages de l'auteur lui-même, les autres mettant en garde devant de tels propos.[180] Mais il fallait analyser le problème de manière exhaustive, surtout à l'aide de ce qu'il a laissé comme tableaux et esquisses,

---

constituaient un attachement particulier au souvenir de leur passé innocent. Sur lui, v. ibid., 49.

178 Ibid., 52, 1 sqq.

179 Ibid., 52, 6 sqq.

180 V. par exemple Ḥabīb Masʿūd, *Djubrān ḥayyan wa-maytan*, I, 2 sqq., où il montre comment l'auteur s'intéressait dès son bas âge à la peinture et aux couleurs dans la nature, et en particulier les grandes performences à Paris, aussi en fonction de Rodin, que d'autres mettent totalement ou partiellement en doute, comme Mīkhā'īl Nuʿayma, *Djubrān Kh. Dj. Ḥayātuh adabuh fannuh*, et surtout Karam, *Muḥāḍarāt fī Djubrān*, 55 sqq.

comme l'a fait par exemple Kayrūz, concernant 60 pièces conservées dans le musée de Bcharri, près des cèdres.[181]

8- Pour terminer ce genre de notations dans ce domaine-ci, j'aimerais prendre en considération quelques idées développées, à l'intérieur d'un chapitre portant le titre : *Baytunā l-djadīd*,[182] où on retrouve la même idée de désolation face aux conditions abominables, dans lesquelles les syro-libanais vivent «depuis bien longtemps»; il emploie le mot *khirba*:[183] ruine, de laquelle ils ne peuvent sortir vers «la nouvelle maison» qu'avec l'aide d'un excellent ingénieur. Or cet ingénieur il le voit représenté par La France, son esprit et ses hommes de science. Voici ce qu'il écrit *(l'édition citée ici comporte malheureusement des lacunes que l'éditeur remplit de points, de là les points dans ma traduction de ce passage):*

«Quant à l'ingénieur de notre nouvelle maison, il est le meilleur des ingénieurs... Il est cet esprit libre, cette âme créatrice... cette dignité plantée comme une lumière... entre la terre (et ?) l'infini. Il est la France, la France libre, la France belle, la France éternelle, qui s'achemina avec la majesté de la science depuis Descartes... et la dignité de l'art depuis... jusqu'à Rodin, avec les mélodies de la poésie avec François... jusqu'à Victor Hugo, la noblesse de la liberté de Jean Jacques Rousseau à Jules Buisson (?) et enfin avec la vérité de... à Jeanne d'Arc et à Joseph Joffre. La France fera l'architecture de notre nouvelle demeure. La France nous tendra la main, afin que nous devenions une nation vivante. Vive la France, vive la Syrie et vive le Liban jusqu'à l'éternité».[184]

---

181 V. par exemple Wahīb Kayrūz, *'Ālam Djubrān al-rassām*, conçu comme une introduction «aux dimensions artistiques» du peintre Djubrān, avec une présentation et une analyse de 60 tableaux conservés dans ce musée à Bcharri (Bsharrī).

182 Al-Qawwāl, *Nuṣūṣ khāridj al-madjmū'a*, 225-228.

183 Ibid., 225, 1 sqq.

184 Ibid., 228, 15 sqq.

9- Dans un autre chapitre d'*al-ʿAwāṣif*, portant le titre *al-Umam wa-dhawātuhā* [185] (les nations et leurs natures), il montre comment ces natures se sont développées, et ceci nation par nation. Après avoir défini ce qu'était selon lui une nation et ce qui en forme le lien,[186] il ajoute «que chaque peuple a une nature générale, qui ressemble dans sa substance à celle de l'individu... Et comme il m'est difficile de préciser et de déterminer le temps, dans lequel la nature de l'individu prend naissance, il m'est aussi difficile de préciser et de déterminer le temps où prend naissance la nature générale...».[187] Et pourtant, il trouve «que la nature grecque s'est réveillée au dixième siècle av. J.C., avança avec énergie et majesté jusqu'au cinquième siècle av. J.C.»,[188] pour s'endormir à l'avènement du christianisme. Quant à la nature française, il lui réserve une attention spéciale:

«La plus étrange des natures générales dans l'histoire est la nature française, car elle a survécu deux mille ans devant la face du soleil et ne cesse d'être dans une jeunesse verdoyante. Aujourd'hui elle est même plus fine d'esprit, plus pénétrante de vue et plus élargie en art et en science qu'elle ne l'a jamais été dans les époques de son histoire.

Car Rodin, Carrière..., Hugo, Renan, Sacy(?) et Simoni, tous du XIXe siècle, étaient les hommes les plus puissants du monde en art, les plus grands en science et à l'imagination la plus large; ce qui nous montre que certaines natures générales ont une vie plus longue que d'autres, ainsi la nature égyptienne a vécu trois mille ans, alors que celle des grecs n'a subsisté que mille ans».[189]

Voilà quelques annotations de plus concernant l'Europe, classique et moderne. Toutes les deux l'émerveillent, et l'on voit sans cesse qu'il est bien imbu de leurs cultures; entre ses textes, ses récits, ses réflexions se glissent des remarques qui le prou-

---

185 *Al-Muʾallafāt al-kāmila*, I, *al-ʿAwāṣif*, 438-441.
186 Ibid., 438-439.
187 Ibid., 439, 8 sqq.
188 Ibid., 439, 1 d'en bas sqq.
189 Ibid., 440, 12 sqq.; après Carrière il y a un nom Shytān (?)

vent; voyons avec quelle facilité il passe de la Bible à Socrate, et du Moyen Age aux temps modernes, et comment il laisse le philosophe grec régner sur l'ensemble d'un autre passage du même livre, intitulé: *Falsafat al-manṭiq au ma'rifat al-dhāt*[190] (Philosophie de la logique ou la connaissance de soi-même):

«Le sommet de la sagesse est la connaissance de soi-même, et moi je me suis connu moi-même cette nuit-même; et depuis cette nuit je commence le travail grandiose, pour lequel l'idée de ce monde m'a délégué, en mettant dans mes profondeurs des éléments multiples et différents. J'ai accompagné les grands de la terre, depuis Noé jusqu'à Socrate, jusqu'à Boccace (Boccaccio) et jusqu'à Aḥmad Fāris al-Shidyāq. Je ne sais quel sera le travail imposant que j'effectuerai; néanmoins, un homme qui a réuni dans la substance de son être et de sa nature spirituelle ce que moi je réunis, est un des miracles des jours et des créations des nuits... J'ai connu mon âme, oui, et les dieux ont connu mon âme; que mon âme vive, que ma nature vive et que l'univers reste univers, jusqu'à ce que j'achève mes travaux».[191]

Voilà l'homme de la culture universelle, orientale comme occidentale, qui, concernant l'Europe, garde à la France une place privilégiée. Peut-on apporter un témoignage plus éloquent et plus enthousiaste en faveur d'une culture étrangère, à laquelle néanmoins il a toujours préféré la culture classique des arabes, pour laquelle il a apporté un hommage plus profond et plus fasciné, comme on a pu le remarquer dans ses prises de position par rapport à Avicenne et à d'autres classiques avec lui, et comme on le verra sous la rubrique suivante.

---

190 Ibid., 441-444.
191 Ibid., 443, dernier paragraphe.

III- Une prise de position concernant la culture arabe en général.

Nous avons pu constater, au cours des pages précédentes, comment était l'attitude de l'auteur vis-à-vis de la culture classique arabo-islamique, représentée par certains de ses savants, et comment son opinion n'était pas toujours aussi favorable par rapport à des auteurs modernes; nous allons étudier ici son attitude en général touchant le passé et le présent de cette culture, pour voir ce qu'il propose comme remèdes aux maux qu'il décrit.

L'attitude des orientaux face à la culture.

1- Dans maints passages Djubrān y revient, et les insinuations sont nombreuses à ce sujet. Il y a un passage assez important qui traduit son attitude vis-à-vis de la société orientale, arabe, face à la culture, et que nous allons suivre de près, avant de passer à d'autres. Il s'agit de quelques pages de son livre *al-ʿAwāṣif* qui porte le titre *al-Mukhaddirāt wa-l-mabāḍiʿ* (les narcotiques et les scalpels).[192]

Il débute par des citations prises à des critiques adressées à lui par ses ennemis: «il est extrémiste dans ses principes, jusqu'à la folie. Il est phantaisiste, il écrit pour corrompre le caractère de la jeunesse. Si les hommes et les femmes mariés et non-mariés suivaient les opinions de Djubrān concernant le mariage, les assises de la famille se détruiraient, les bâtiments de l'ensemble de l'humanité s'effondreraient, ce monde ne serait qu'un enfer et ses habitants des démons. Malgré ce qu'il y a comme beauté dans son style d'écrivain, il appartient quand même aux ennemis de l'humanité. Il est un chaotique, un incrédule, un renégat;

192 *Al-Mu'allafāt al-kāmila,* I, *al-ʿAwāṣif,* 413-418.

et nous conseillons aux habitants de cette Montagne bénie[193] de rejeter ses enseignements et de brûler ses œuvres, afin que rien d'elles ne reste attaché à leurs âmes. Nous avons lu (son livre) *al-Adjniḥa al-mutakassira* et nous l'avons trouvé comme du poison dans la graisse».[194]

Suit son commentaire sur ces quelques critiques (il emploie: *hādhā baʿḍu mā yaqūluhu l-nāsu*) qu'on lui adresse et qu'il approuve, «car ajoute-t-il, je suis extrémiste jusqu'à la folie, je penche plutôt vers la destruction que vers la construction; dans mon cœur il y a une haine pour ce que les gens sanctifient, et un amour pour ce qu'ils refusent; si je pouvais déraciner les habitudes des hommes, leurs croyances et leurs traditions, je n'hésiterais pas une seule minute (à le faire). Quant à leur mot que mon livre est du poison dans de la graisse, il montre la vérité de derrière un voile épais – car la vérité pure est que je ne mélange pas du poison à la graisse, mais je l'y déverse pur... cependant je l'y déverse dans des verres propres, transparents. Et concernant ceux qui s'excusent pour moi, disant: il vit dans l'imagination, voguant sur les nuages, ce sont eux qui fixent ces verres transparents qui brillent, se détournant de ce qu'ils contiennent comme boisson, qu'ils appellent poison, parce que leurs estomacs faibles ne le digèrent pas.

Cette introduction, ajoute-t-il, pourrait dénoter une insolence bien grossière; mais l'insolence avec sa grossiéreté n'est-elle pas meilleure que la traîtrise avec sa douceur? L'insolence se découvre par elle-même, alors que la traîtrise porte des habits qui ont été faits sur mesure pour d'autres qu'elle».[195] On ne peut pas être plus clair, pour se décrire face à la société que Djubrān veut réformer, et pour laquelle il éprouve tellement de compassion, comme on l'a vu plus haut, malgré les mots parfois très durs qu'il formule pour décrire son état actuel, désolant.

---

193 Il s'agit bien sûr de la Montagne Libanaise (Mont Liban); cf. le titre du recueil poétique de Charles Corm, La Montagne inspirée.

194 *Al-Muʾallafāt al-kāmila*, ibid., 413, 10 sqq.

195 Ibid., 413, 4 d'en bas -414, 8.

C'est alors qu'il passe au catalogue de désirs et de réclamations que les «orientaux exigent de l'écrivain». Ils lui demandent:

«d'être comme l'abeille qui se promène voltigeant sur les champs, rassemblant les parties douces des fleurs, pour en faire des disques de miel. Les orientaux aiment le miel, et ne peuvent goûter, comme nourriture, rien d'autre. Ils abusèrent de le dévorer à tel point que leurs âmes tournèrent en miel, qui fondent devant le feu et ne se congèlent que si on les place sur de la neige.

Les orientaux demandent au poète de brûler son âme comme encens devant leurs sultans, leurs gouverneurs et leurs patriarches. Et l'air de l'Orient s'est obscurci de la fumée de l'encens qui monte autour des trônes, des autels et des cimetières; eux, cependant, n'ont pas assez. Il y a de nos jours des panégyristes qui ressemblent à al-Mutanabbī, des élégistes qui se comparent à al-Khansā', et des auteurs de félicitations plus doux que Ṣafiyy al-Dīn al-Ḥillī.

Les orientaux exigent de l'homme de science de mener des recherches dans l'histoire de leurs pères et de leurs grands-pères, étudiant exhaustivement leurs œuvres, leurs coutumes et leurs traditions, passant ses jours et ses nuits entre les longs manuels sur leurs langues, l'étymologie de leurs vocables et les structures de leurs significations, de leur *bayān* et de leur *badīʿ*.

Et les orientaux demandent au penseur de répéter à leurs oreilles ce que Bidpay, Averroès, Ephrem le Syrien et Jean Damascène avaient dit, de telle manière que cela ne dépasse, dans ce qu'il écrit, l'exhortation stupide, la direction infirme et ce qu'il y a là dans ces deux domaines comme maximes et signes, qui, si l'individu devait les suivre, feraient de sa vie une petite herbe qui pousse à l'ombre, et de lui-même de l'eau tiède mêlée à un peu d'opium.

Bref, les orientaux vivent sur la scène du passé lointain, ils tendent vers les choses négatives, amusantes et plaisantes et abhorrent les principes et les enseignements positifs et abstraits, qui les piquent et les réveillent de leur sommeil profond, entouré de rêves tranquilles».[196]

Voilà les répliques de Djubrān aux critiques acerbes qu'il a dû écouter plus d'une fois, au cours de sa vie. Il a appris l'art de dialoguer, en mettant toutes ses cartes sur la table, pour mieux se défendre. Son plaidoyer est tout clair, et touche un point névralgique dans la mentalité de la société orientale, en général, qui est malade, très malade; la troisième partie de ces pages admirables dans leur message est réservée à ce phénomène:

«L'Orient est malade, dit-il, il a été attaqué à tour de rôle par les maladies, et les épidémies se sont abattues sur lui, à tel point qu'il s'est habitué à la maigreur, que la douleur devint sa compagne et qu'il s'est mis à considérer ses maladies et ses douleurs comme des traits naturels, plutôt comme des qualités belles qui accompagnent les esprits nobles et les corps sains; de telle sorte que celui qui en est exempt passe pour quelqu'un chez lequel il y aurait un manque, qui serait privé de talents et de perfections célestes.

Les médecins de l'Orient sont nombreux et restent collés à son lit, se consultant sur son affaire, mais ne le traitent que par des tranquillisants temporels qui prolongent le temps de la maladie, ne la guérissent cependant pas.

Quant aux tranquillisants spirituels, ils ont beaucoup de sortes, des formes nombreuses et des couleurs différentes. Les unes peuvent naître des autres, comme les maladies et les infirmités se multiplient les unes à partir des autres. Sitôt qu'une nouvelle maladie apparaît, les médecins de l'Orient lui découvrent un nouveau tranquillisant.

Pour ce qui concerne les causes qui ont conduit à l'existence des tranquillisants, elles sont en grand nombre; la plus importante réside dans le fait que le malade s'abandonne à la fameuse

---

196 Ibid., 414, 9 -415, 5.

philosophie de la prédestination, à la lâcheté des médecins et à leur peur de réveiller la douleur que susciteraient les médicaments efficaces.

En voici quelques exemples de ces tranquillisants et des narcotiques que les médecins orientaux utilisent, pour traiter les maladies familiales, nationales et religieuses:

Le mari se détourne de sa femme, la femme de son mari, pour des causes naturelles, vitales, ils se querellent, se frappent et s'éloignent l'un de l'autre; mais à peine un jour et une nuit ont passé, et voilà les parents de l'homme qui rencontrent ceux de sa femme, ils échangent des opinions ornementées et des idées embellies et tombent d'accord pour rétablir la paix entre le couple; c'est pourquoi ils font venir la femme, s'attirent ses sentiments par des exhortations fallacieuses qui ont de quoi susciter sa honte et non sa conviction, puis laissent chercher le mari et lui entourent la tête de mots et de proverbes ornementés qui lui ramollissent ses idées, sans les changer. C'est ainsi que la réconciliation est atteinte – la réconciliation momentanée – entre les conjoints, désunis en esprit, qui retournent, malgré eux, vers la vie sous le même toit, jusqu'à ce que 'la couche de peinture' perd de son éclat, et l'effet du tranquillisant employé par les parents et les beaux-parents, aussi, de telle manière qu'il en résulte que le mari revient à son éloignement et sa haine, et la femme à l'écartement du voile devant sa tristesse. Néanmoins ceux qui ont conduit à la réconciliation la première fois y conduisent une deuxième fois, et celui qui boit, à petite gorgée, les tranquillisants ne refuse pas d'en vider des verres pleins».[197]

Un autre exemple est tiré du domaine politique, il s'agit «de gens qui se révoltent contre un gouvernement tyrannique ou un ordre ancien, constituent une société réformatrice, qui vise le renouveau et la libération, et se mettent à tenir des discours avec prouesse, écrire avec enthousiasme et diffuser les listes et les programmes et envoyer les délégations et les représentants; mais à peine un ou deux mois ont passé, et nous écoutons que le

197 Ibid., 415, 6 -416, 9.

gouvernement a emprisonné le président de la société ou lui a accordé un poste quelconque. Quant à la société réformatrice, nous n'en écoutons plus rien du tout, car ses membres ont avalé un peu de tranquillisants habituels et sont retournés vers le calme et la résignation».[198]

Un autre exemple est du domaine religieux, il concerne «un groupe confessionnel qui se révolte contre son chef religieux, pour des questions fondamentales: il se met à critiquer sa personne, à désavouer ses actions et à manifester du mécontentement devant son comportement, pour finir par menacer de prendre une autre confession, plus proche de la raison et plus éloignée des illusions et des légendes. Cependant, à peine que le temps a passé (sur l'affaire), et voilà que nous écoutons que les sages du pays ont évincé la mésentente entre le berger et ses ouailles et redonné, par le moyen de narcotiques magiques, la dignité à la personne du chef et la soumission aux âmes de ses sujets récalcitrants».[199]

Et l'auteur de poursuivre ses méditations si pertinentes, comme s'il avait vécu les jours durs de la guerre civile libanaise de près, ou comme s'il avait voulu en éviter une, tellement son tableau est proche de la réalité des conditions amères, dans lesquelles sont plongées les contrées auxquelles il adresse son message:

«Un vaincu faible se plaint d'un injuste fort et dit à son voisin: tais-toi, l'œil qui se dresse contre la flèche est arraché.

Un villageois doute de la piété des moines et de leur loyauté et dit (se tournant) vers son collègue: ferme la bouche, car il est écrit dans le Livre: écoutez leurs mots et ne faites pas comme eux.[200]

Un élève se détourne d'apprendre par cœur les analyses linguistiques des (grammairiens) de Baṣra et de Koufa, et son maî-

---

198 Ibid., 416, 10-15.
199 Ibid., 416, 16-20.
200 Allusion au verset de l'Evangile, Matthieu, 23, 3.

tre de lui dire: les paresseux et les lents inventent des excuses plus horribles que les fautes.

Une jeune fille se défend de suivre les habitudes des vieilles femmes, et sa mère de lui dire: la fille n'est pas meilleure que sa mère: la voie que celle-ci a suivie, tu la suivras aussi.

Un jeune homme demande des explications sur les accessoires religieux et le prêtre de lui répondre: celui qui ne regarde pas par les yeux de la foi ne voit dans ce monde que le brouillard et la fumée».[201]

Puis l'auteur revient à ses réflexions générales sur la situation dans laquelle se trouve l'Orient: «C'est ainsi que les jours et les nuits passent, et l'oriental est allongé sur son lit moelleux; il se réveille une minute, quand il est piqué par les puces, puis se retourne et s'allonge un siècle, par la force des narcotiques qui sont mélangés à son sang et circulent dans ses veines. Si un homme se lève, crie aux endormis et remplit leurs demeures, leurs temples et leurs cours de justice de tumulte, ils ouvrent leurs paupières alourdies par le sommeil éternel et lui disent en baîllant: quel grossier de jeune homme, il ne dort pas et ne laisse pas les gens dormir! Puis ils referment leurs yeux et murmurent dans les oreilles de leurs âmes: il est un incrédule, un renégat qui corromp le caractère de la jeunesse, détruit les bâtisses des siècles et lance contre l'humanité des flèches empoisonnées».[202]

Puis, se retournant sur lui-même, il continue: «Je me suis posé des fois la question si je faisais partie des réveillés révoltés, qui refusent de prendre les tranquillisants et les narcotiques, et mon âme me répondait en des mots voilés et ambigus; mais lorsque j'ai écouté que les gens blasphémaient mon nom et qu'ils ne s'accommodaient pas de mes principes, j'ai acquis la certitude de mon réveil et j'ai su que je n'étais pas de ceux qui se soumettent aux rêves doux et aux imaginations agréables, mais que j'appartenais plutôt aux solitaires que la vie fait marcher

---

201 *Al-Mu'allafāt al-kāmila,* ibid., 416, 4 d'en bas -417, 6.
202 Ibid., 417, 7-13.

dans des voies étroites, plantées d'épines et de fleurs, bordées de loups ravisseurs et de rossignols chantants.

Si le réveil avait été une vertu, ma modestie m'aurait empêché d'y prétendre; cependant elle n'est pas une vertu, mais une réalité curieuse qui apparaît à l'improviste aux individus solitaires, marche devant eux, et ils la suivent, malgré eux, attirés par ses fils cachés, fixant ses significations pleines de dignité. Et je trouve qu'avoir la pudeur de ne pas exprimer les vérités personnelles est une sorte d'hypocrisie blanche, connue chez les orientaux sous le nom de bonne éducation».[203]

L'auteur, on le voit, on le sent bien, a conçu cet article de manière toute personnelle, mais combien instructive, car il expose tout un programme djubrānien, et montre en quoi il voit son propre apport, dans une société, dont les valeurs étaient et sont en voie de décomposition. Il termine, en récapitulant critiques et réponses à ces critiques, sur le ton qui lui est habituel, et dans le rythme de sa phrase si musicale et impressionnante, sur lequel on aura à revenir plus loin de toute manière:

«Demain, écrit-il, les hommes de lettres penseurs liront ce qui est ci-dessus, et diront mécontents: il est extrémiste, il contemple la vie du côté obscur, de telle sorte qu'il ne voit que la nuit, et que de fois il s'est planté au milieu de nous, poussant des lamentations, des plaintes et des pleurs sur nous, et criant ses soupirs sur notre situation.

A ces hommes de lettres penseurs je dis: je me lamente sur l'Orient, car la danse devant le cercueil d'un mort serait une folie parfaite.

Je pleure sur les orientaux, car le rire à propos de maladies serait une ignorance construite.

Je me plains au sujet de ces pays que j'aime, car le chant devant le malheur aveugle serait une sottise aveugle.

203 Ibid., 417, 14 -418, 2.

Je suis extrémiste, car celui qui se modère à manifester la vérité, met au jour seulement la moitié de la vérité, et en laisse l'autre moitié voilée, derrière sa peur des opinions des gens et de leurs bavardages.

Moi je vois le cadavre pestilentiel, et mon âme en est rebutée, mes entrailles en sont secouées, et suis incapable de m'asseoir en face, tenant dans ma (main) droite un verre de boisson, et dans la gauche une pièce de douceur.

S'il y avait quelqu'un qui voudrait tourner ma lamentation en rire, mon dégoût en sympathie et mon extrémisme en modération, il n'aurait qu'à me montrer parmi les orientaux un (seul) homme de pouvoir équitable et un législateur droit, un (seul) chef religieux qui exécute ce qu'il sait, et un mari qui regarde sa femme avec le même œil par lequel il se voit lui-même.

Celui qui veut me voir danser, m'écouter tambouriner et jouer de la flûte, n'a qu'à m'inviter à la maison du marié, mais pas m'arrêter au milieu des cimetières».[204]

2- Dans un même sens, quoique pas de la même teneur exactement, nous conduit un autre morceau intitulé *al-Djabābira* (les géants),[205] tiré d'*al-ʿAwāṣif*, dans lequel Djubrān revient sur certaines des idées développées dans les pages précédantes; et nous les suivrons dans leur ensemble, sans entrer dans le détail de ses réflexions:

La première phrase est symbolique, pour toute la suite de son discours: «celui qui écrit avec de l'encre, dit-il, n'est pas comme celui qui écrit avec du sang». Une réminiscence de ses lectures nombreuses, et les dialectes libanais ont une série de dictons ou de maximes populaires qui vont dans le même sens (*yallī b'īdu mayy mesh metl yallī b'īdu nār:*[206] celui qui a de l'eau dans ses mains n'est pas comme celui qui a du feu). «Et le

---

204 Ibid., 418, 3 jusqu'à la fin de la page.

205 Ibid., 432-435 (tout le morceau).

206 La formule revient souvent dans les dictons populaires, aussi dans les chansons de Wadīʿ al-Ṣāfī et Ṣabāḥ, concernant le Liban.

silence que provoque l'ennui n'est pas comme celui que suscite la douleur».

Après ces réflexions d'ordre général, il passe à lui-même et concrétise son silence qui est motivé par «le détournement des oreilles du monde du chuchotement des faibles et de leur gémissement, vers le hurlement de l'enfer et vers son tumulte; il est de la sagesse que le faible se taise, lorsque parlent les forces blotties dans la conscience de l'existence – ces forces qui n'acceptent que les canons comme langues, et ne sont convaincues que par les bombes comme vocables». Il insiste sur le renversement des valeurs, car, ajoute-t-il, «nous sommes dans une époque, dans laquelle les choses les plus minces deviennent plus grandes que les grandes affaires de l'époque précédente. Les affaires qui occupaient nos pensées, nos tendances et nos sentiments ont été relégées dans l'ombre. Les questions et les problèmes, qui cajolaient nos opinions et nos principes, ont disparu derrière un rideau de négligence. Quant aux rêves agréables et aux beaux fantômes, qui se balançaient fièrement sur les théâtres de notre conscience, ils se sont dispersés comme le brouillard, et à leur place se sont installés des géants qui marchent comme les tempêtes, basculent comme les mers et respirent comme les volcans».[207]

Voilà de quoi jeter la terreur dans l'âme, car pour lui il n'y a, à partir de ce combat effrayant entre les géants, que des questions, des choses inconnues, que Djubrān introduit par les tournures interrogatives comme *wa-mā ʿasā* ou bien *hal … wa-hal.* Les images qu'il oppose à ce tableau effroyable, sous forme de questions concernant un retour possible de tout ce qui est apaisant, romantique: le villageois vers son champ, le berger à ses troupeaux, le dévot à son autel, le poète à ses poèmes et la mère au chevet de son enfant… Quand reviendra le printemps, incarné ici par le mois d'avril qui est le plus beau de cette saison

---

207 Ibid., 432, 7-18.

en Orient, «vers la terre, et couvrira de sa chemise les membres blessés de celle-ci? Quand reviendra avril vers les champs?»[208]

Un nombre de questions et d'autres questions, et qui ne se pose pas de questions, ajoute-t-il, «chaque jour et chaque nuit, sur l'avenir de la terre et de ses habitants, une fois que les géants deviennent mûris par les larmes des veuves et des orphelins».[209] Et c'est là que l'on apprend qu'il est adepte de la théorie darwinienne, chère à son compatriote Shiblī Shumayyil, qu'il résume à sa manière de la façon suivante:

«Je suis l'un de ceux qui professent la loi de l'évolutionnisme, car, à mon avis, cette loi englobe par ses effets les entités spirituelles, en englobant les créatures perçues par les sens, ce qui fait qu'elle se transmet par les religions et les gouvernements du mieux au meilleur, comme elle se transmet par les créatures du convenable au plus convenable, sans recul en arrière que dans les apparences, et sans décadence que dans les choses superficielles». Cette loi, poursuit-il, a «des moyens ramifiés, qui sortent l'un de l'autre, mais restent unis dans leurs racines; ses apparences sont dures, despotiques et noires, les idées limitées les rejettent, et contre elles se rebellent les cœurs faibles; mais ses aspects voilés sont équitables et éclairants; ils s'accrochent à une vérité plus haute que la vérité des individus, ils fixent un objet plus élevé que le désir des gens communs et écoutent une voix qui enveloppe de sa terreur et de sa douceur les soupirs des malheureux et les suffocations des souffrants».[210]

Il est sûr que ce genre de réflexions dépasse de loin les descriptions purement culturelles, pour amener à des visions globales sur l'existence. Néanmoins, elles valent la peine d'être traitées dans ce cadre, car elles servent à réveiller la conscience sociale en entier, qui est à la base du changement radical, aussi dans le domaine qui nous intéresse ici, comme on peut le constater dans ses propres mots:

---

208 Ibid., 432, 19 -433, 8.
209 Ibid., 433, 9-18.
210 Ibid., 433, 19 -434, 4.

«Autour de moi il y a partout des nains qui voient de loin les fantômes des géants qui se combattent, écoutent dans leur sommeil l'écho de leurs jubilations et font du vacarme comme les grenouilles, disant: le monde est revenu vers son caractère naturel. Tout ce qu'ont construit des siècles par la science et l'art, l'homme animal l'a détruit par la cupidité et l'égoïsme; notre situation d'aujourd'hui est semblable à celle des habitants des cavernes, et rien ne nous distingue d'eux, sauf les instruments que nous fabriquons pour la destruction, et les ruses que nous utilisons pour la perdition!»[211]

Il conclut ce texte par une nouvelle description du genre d'ennemis auxquels il s'adresse, et par une vision apocalyptique du monde nouveau, sur lequel rayonnera de nouveau un nouvel avril:

«Voilà ce que disent ceux qui mesurent la conscience de l'humanité avec la mesure de leurs propres consciences, et analysent la volonté de l'existence par leur pensée courte qu'ils utilisent, afin de conserver leur existence individuelle. C'est comme si le soleil n'était là que pour les réchauffer, et comme si la mer ne devait exister que pour leur laver les pieds.

Du fond de la vie, de derrière les choses visibles, des profondeurs de l'univers ordonné, où sont bien gardés les secrets de l'univers, les géants ont jailli comme le vent, sont montés comme les nuages, puis se sont rencontrés comme les montagnes; et ils sont maintenant en train de se combattre, pour résoudre un problème sur terre, que rien d'autre que le combat ne peut résoudre.

Quant aux hommes, à ce qu'il y a dans leurs têtes comme capacités et connaissances, à ce qu'il y a dans leurs cœurs comme amour et haine, et à ce qui s'accroche à leurs âmes comme endurance, peur et douleur, ce sont des outils que les géants prennent et dirigent, pour arriver à atteindre un but céleste qui doit être atteint.

---

211 Ibid., 434, 5-9.

Quant aux flots de sangs qui ont été versés, ils vont couler comme des fleuves abondants, quand aux larmes qui ont été versées, elles vont pousser comme des fleurs pures, et quand aux âmes qui ont quitté (leurs corps), elles vont (toutes) se réunir, s'harmoniser et se lever, de derrière l'horizon nouveau, comme un nouveau matin, de sorte que les gens sauront qu'ils ont acheté la vérité sur le marché de la détresse, et que celui qui investit en faveur de la vérité n'aura pas de perte.

Quant au mois d'avril, il reviendra – celui qui cependant cherche avril, sans éloigner l'hiver, ne le trouvera pas».[212]

3- Des propos de ce genre se retrouvent un peu partout dans son œuvre, où il témoigne du dégoût total devant le bavardage vain du monde, qui en détruit la face et enlaidit les valeurs normales de la vie. Dans ce domaine, c'est le morceau intitulé: *al-Kalām wa-ṭawā'if al-mutakallimīn* (la parole et les groupes des parleurs, de son livre *al-ʿAwāṣif*),[213] dans lequel il manifeste plus que clairement sa lassitude devant tout ce qu'on peut appeler parole et gens qui la prennent: ennui qui l'accompagne partout où qu'il se dirige, et où qu'il se trouve. Ce qui est intéressant, et rejoint par détour ses vues sur la culture, ce sont les catégories de parleurs qu'il distingue et qui ont de quoi faire réfléchir. Là, comme ailleurs, par exemple dans un texte intitulé *al-ʿUbūdiyya* (l'esclavage),[214] il témoigne d'une capacité extraordinaire de scruter la vie individuelle et sociale, ce qui fait de lui un maître incontestable de l'analyse des conditions humaines en général. Il introduit ses catégories par une constatation générale:

«Si les parleurs avaient formé une seule catégorie, nous aurions été content et nous l'aurions supporté, mais ils ont des sortes et des formes innombrables». Et il nous en donne quelques-unes :

---

212 Ibid., 434, 10 -435, 4.

213 Ibid., 494-497 (tout le texte en question ici).

214 Sur *al-ʿubūdiyya*, v. ibid., 382-385.

celle des gens qui considèrent les autres comme
faibles»
«celle des gens qui sont considérés comme
faibles»
«celle des gens à moulin»
«celle des gens qui s'établissent»
«celle des gens du hibou»
«celle des scieurs»
«celle des tambourineurs»
«celle des mastiqueurs»
«celle des moqueurs»
«celle des tisserands»
«celle des étourneaux»
«celle des carillonneurs».[215]

Et il termine par les mots suivants:

«et il y a des groupes et des tribus qu'on ne peut ni compter, ni recenser ni décrire; la plus curieuse catégorie d'entre elles est, selon ma conviction, un groupe endormi, mais qui remplit l'atmosphère du bruit de son ronflement, et pourtant il ne le sait pas.

Et maintenant, alors que j'ai décrit quelque chose de mon 'dégoût' et de mon rejet pour la parole et les parleurs, je me vois comme un médecin malade, ou comme un criminel qui se met à sermonner des criminels. J'ai attaqué satiriquement la parole et les parleurs, mais par le moyen de la parole, et j'ai présagé de mauvais augures des parleurs, alors que je suis l'un d'entre eux. Dieu peut-il encore me pardonner ma faute, peu avant qu'il n'ait pitié de moi et ne me transporte vers la forêt de l'esprit, du sentiment et de la vérité, où il n'y a ni parole ni parleurs?»[216]

4- Avec ce genre de réflexions, Djubrān nous introduit dans une sphère de la vision sociale, qui veut mettre en exergue aussi

---

215 Ibid., 495, 6 d'en bas -497, 2.
216 Ibid., 497, 3 sqq.

une décomposition culturelle, et suscite chez lui, à cause de cet état, du dédain, du dégoût, de telle sorte que cela forme comme une dernière étappe dans son idéologie culturelle: l'angoisse devant l'effondrement de tout l'édifice humain, qu'il veut quand même restaurer, même rebâtir, comme on l'a vu plus haut dans le morceau *Baytunā l-djadīd.* A cette catégorie il faut aussi ajouter des pages comme celles d'*al-ʿAwāṣif*, intitulées *al-Aḍrās al-musawwisa*[217] (les molaires cariées), où les réactions des médecins dentistes ne diffèrent en rien de celles des autres médecins dont il a été question plus haut:

Ces mêmes dentistes, qui soignent les dents et allègent par là la souffrance des gens, auxquels l'auteur bien sûr comptait, s'avèrent de grands orateurs intelligents, «qui constituent des sociétés, tiennent des congrès et parlent dans les clubs et sur les places publiques. Dans leur entretien il y a une mélodie plus élevée que le chant de la pierre du moulin, et plus noble que les chants des grenouilles dans les nuits de juillet. Mais, si quelqu'un leur dit que le peuple syrien ronge la nourriture de la vie avec des molaires cariées, que chaque bouchée qu'il mastique se mélange à une salive empoisonnée et qu'il en résulte une maladie stomacale, s'il leur dit cela, ils lui répliquent: oui, nous nous attaquons maintenant à l'étude des poudres les plus modernes et des tranquillisants les plus récents. Et s'il leur disait: que pensez-vous de l'extraction? Ils lui rigoleraient au nez, car il n'a pas étudié la noble médecine dentaire. Et s'il répétait une deuxième fois la question, ils s'éloigneraient de lui, ennuyés, en disant pour eux-mêmes: combien nombreux sont les rêveurs dans ce monde, et combien sans consistance sont leurs rêves».[218]

Cependant, tout ne peut pas être aussi pessimiste que ne le laissent penser ces lignes que nous venons de parcourir, et d'autres aussi qu'on peut y ajouter sans trop de peine. Si je me contente de ce que nous avons vu jusqu'à maintenant, ce n'est pas parce que tout est épuisé dans ce domaine; non, cette analyse

---

217 Ibid., 427-429.
218 Ibid., 428, 4 d'en bas -429, 10.

n'a aucune prétention d'être exhaustive, mais elle apporte des pages marquantes, et fait ressortir de l'œuvre plutôt des remarques de l'auteur qui servent de spécimens, dans le but de voir jusqu'où le transportait son désir de changer la face de l'univers, de la réformer entièrement. Mais ses limites sont là, de là ce cri de désespoir, de lassitude immense du monde: un trait typique du romantisme moderne en Europe, que nous verrons en fonction du rôle poétique chez lui.

IV- Langue et société chez Djubrān: rôle créateur et vivifiant du poète.

1. Avenir de la langue arabe.

Cet aspect socio-culturel s'inscrit de manière très harmonieuse dans le genre de réflexions développées dans le chapitre précédent. Les idées de l'auteur, dans ce domaine, sont particulièrement importantes pour l'analyse du phénomène culturel en général, et nous permettent de faire une transition sans faille entre ce qui précède et ce qui suit sur le rôle qu'accorde Djubrān au poète dans la société. Et c'est seulement sous cet aspect qu'il faut aborder ses réflexions sur le rôle de la langue dans la culture en général, comme on le verra clairement par la suite.

On a toujours essayé de présenter Djubrān comme l'incarnation nietzschéenne du révolté, de l'insoumis qui détruit avec fracas la base de la société, ou ce qu'il touche d'elle. Ceci a sans doute une part de vérité, et on a pu s'en rendre compte, plus haut, dans son plaidoyer en faveur de ses idées, tout en réfutant les attaques de ses ennemis. On reviendra plus loin de toute manière sur son système en général. J'aimerais insister ici sur la valeur de son approche de la langue arabe, comme instrument véhiculant la culture, et comment cette culture linguistique se présente dans ses rapports avec la société. Ou pour être plus précis, il s'agit de sa vue socio-linguistique, qu'il nous a condensée dans un chapitre remarquable intitulé *Mustaqbal al-lugha l-ʿarabiyya*,[219] que je présenterai dans tous ses détails, tellement il est significatif dans le domaine qui nous occupe ici.

---

219 Il s'agit d'un chapitre qui a été réuni dans *al-Muʾallafāt al-kāmila*, I, *al-Badāʾiʿ wa-l-ṭarāʾif*, 546-554.

Le tout est construit sous forme de six questions qui seront passées en revue, à tour de rôle:

1.1- *Mā huwa mustaqbal al-lugha l-ʿarabiyya*[220] (quel est l'avenir de la langue arabe).

Djubrān ne conçoit la langue que comme un des aspects de la création, dans l'ensemble d'une nation. Et si la force créatrice dans cette nation venait à s'arrêter, la langue elle-même finirait par s'arrêter, ce qui entraînerait la régression, et la régression la mort et l'effritement. Il n'est pas étonnant de trouver une des idées maîtresses de l'auteur tout au début de ce texte, sur laquelle il insiste d'ailleurs, en mettant l'accent sur le lien *sine qua non* entre l'avenir linguistique et l'avenir de l'esprit inventif qui se trouve à l'intérieur des nations parlant la langue arabe ou non. Il faut que cet esprit soit présent quelque part, pour façonner à cette langue un avenir aussi brillant que son passé.

«S'il (=esprit inventif) est par contre inexistant, son avenir serait comme le présent de ses deux sœurs, les langues syriaque et hébraïque». Le reste de ces lignes développe la vision djubrānienne de la force qu'il appelle «force créatrice» qui est «dans la nation un élan qui pousse en avant. Elle est dans son cœur une faim, une soif et un désir de ce qui n'est pas connu, et dans son âme une chaîne de rêves qu'elle tâche de réaliser jour et nuit, mais dont elle ne réalise jamais un chaînon dans l'un des deux bouts, sans que la vie n'ajoute un autre à l'autre. Elle est chez les individus le génie et dans la masse l'enthousiasme, et le génie dans les individus ne réside que dans la capacité de mettre des tendances cachées de la communauté dans des formes visibles perceptibles».

C'est ainsi que le poète, dit-il, se modelait selon la situation dans laquelle se modelait la société, à laquelle il appartenait, incarnant les nuances des phases de chaque évolution, jusqu'au moment où «la somnolence» s'empara «de la force créatrice de la langue arabe qui s'endormit; et avec son sommeil, les poètes

220 Ibid., 546-547, 2.

tournèrent en rimailleurs, les philosphes en spécialistes de *kalām*, les médecins en imposteurs et les astronomes en astrologues».

1.2- *Wa-mā ʿasā an yakūna taʾthīru l-tamdīni wa-l-rūḥi l-gharbiyyati fīhā*[221] (que pourrait être l'influence de la civilisation européenne et de l'esprit européen sur elle)?

L'influence est comparable à de la nourriture que la langue prend de l'extérieur, poursuit-il, qu'elle mastique et avale, en intégrant ce qui est bon à son être vivant, «comme l'arbre transforme la lumière, l'air et les autres éléments de la terre en branches, en feuilles, en fleurs et en fruits». Pour cela la langue a besoin de dents pour mastiquer, d'un estomac pour digérer, sinon la nourriture se perd inutilement, plutôt «elle tourne en poison mortel».

L'esprit européen forme une des périodes de l'homme et une saison de sa vie. L'auteur compare la vie de l'humanité à un cortège imposant qui marche toujours en avant, suscitant une «poussière dorée qui s'élève des bords de sa route et de laquelle prennent naissance les langues, les gouvernements et les idéologies». Les nations en tête de ce cortège sont pour lui les nations créatrices, et elles ont le pouvoir de l'influence sur celles qui marchent derrière elles; et celles-ci, du fait qu'elles sont imitatrices, sont sujettes à l'influence.

Dans le passé c'était l'inverse qui avait lieu: les orientaux étaient à l'avant-garde, et, à cause de cela, les occidentaux étaient soumis à leur influence, avec une différence:

«Les européens, cependant, avaient l'habitude, dans le passé, de prendre ce que nous cuisinions, de le mastiquer et de l'avaler, en intégrant ce qui est bon à leur être occidental; alors que les orientaux maintenant, prennent ce que les occidentaux cuisinent et l'avalent, sans qu'il soit intégré à leur être, et en deviennent plutôt semblables aux européens». Une situation qu'il craint et

221 Ibid., 547, 3 -548, 3.

qui l'agace, «car elle me montre l'Orient, écrit-il, tantôt comme une vieille femme qui a perdu ses dents, tantôt comme un enfant entièrement sans dents. L'esprit de l'Occident est un ami et un ennemi pour nous, à la fois. Un ami, si nous le dominons; un ennemi, s'il nous domine. Un ami, si nous lui ouvrons nos cœurs; un ennemi, si nous lui donnons nos cœurs. Un ami, si nous prenons de lui ce qui nous convient, et un ennemi, si nous nous mettons dans la situation qui lui convient».

1.3- *Wa-mā yakūnu ta'thīru l-taṭawwuri l-siyāsiyyi l-ḥāḍiri fī l-aqṭāri l-ʿarabiyyati*[222] (quelle serait l'influence du développement politique culturel actuel dans les régions arabes).

Djubrān constate d'abord que «les penseurs, à l'ouest comme à l'est, sont d'accord que les régions arabes sont dans un état politique, administratif et psychique désordonné; et ils sont unanimes à soutenir que le désordre apporte la ruine et la disparition». Et il se demande si cela est désordre ou lassitude. Si c'est de la lassitude, ce serait la fin de toute chose; s'il est au contraire, du désordre, celui-ci est, selon lui, bienfaisant, car il fait apparaître ce qui est caché dans l'âme de la nation, pour réveiller celle-ci et élaguer «les branches sèches» de ses arbres, et éparpiller «ses feuilles jaunes». Ce serait encore une bonne lueur d'espoir annonçant l'existence d'une force créatrice chez ses individus, la disponibilité de sa communauté et partant la transformation de ce désordre en un état ordonné.

1.4- *Hal yaʿummu intishāru l-ʿarabiyyati fī l-madārisi l-ʿāliyati wa-ghayri l-ʿāliyati wa-tuʿallamu bi-hā djamīʿu l-ʿulūmi*[223] (la langue arabe va-t-elle se répandre dans les écoles supérieures et non-supérieures, et va-t-on enseigner dans cette langue toutes les sciences)?

La condition pour arriver à ce but, selon lui, est que les écoles deviennent d'abord nationales, afin que la langue arabe puisse s'y répandre, et que les écoles passent de la main de socié-

222 Ibid., 548, 4 jusqu'à la fin de la page.
223 Ibid., 549-550.

tés confessionnelles à celle des représentants des gouvernements locaux. C'est ainsi que l'enseignement en Syrie (c'est-à-dire Syrie et Liban de l'époque) venait «de l'Europe, sous forme d'aumône» qui faisait revivre et puis mourir, car d'une part il éveillait l'esprit et correspondait à une soif et à une faim énormes dans ce domaine, d'autre part il tuait, du fait qu'il divisait les communautés et coupait les liens entre elles, en les transformant en une agglomération de petites colonies, de goûts et de tendances disparates, reflétant celles des nations européennes qui les soutiennent. Les images se succèdent, insistant sur la nécessité d'une union autour d'un sentiment patriotique unique dans l'âme, «car celui à qui on donne est toujours dirigé, alors que celui qui donne est absolument libre dans ses mouvements».

1.5- *Wa-hal tataghallabu (l-lughatu l-ʿarabiyyatu l-fuṣḥā) ʿalā l-lahdjāti l-ʿāmmiyyati l-mukhtalifati wa-tuwaḥḥiduhā*[224] (la langue arabe classique va-t-elle l'emporter sur les différents dialectes et les unifier)?

Les dialectes évoluent et se raffinent, «mais ils ne seront jamais vaincus, ne pourront et ne devront jamais l'être, car ils sont la source de ce que nous appelons le classique du langage et l'origine de ce que nous considérons comme l'éloquent de la rhétorique». Les langues, selon Djubrān, suivent la loi du plus valable, et les dialectes contiennent beaucoup de choses de cela, «qui resteront, parce que plus proches de l'esprit de la nation et de ses propres buts généraux».

A côté de chaque langue en Occident, il y a un certain nombre de dialectes qui ont une vie littéraire et artistique, ayant des aspects beaux, désirables, nouveaux et créatifs: «En Europe et en Amérique, continue-t-il, il y a un groupe de poètes doués qui sont arrivés à concilier le dialectal avec le littéraire», dans leurs œuvres poétiques; et il y a des genres poétiques arabes populaires qui contiennent, sur le plan stylistique et linguistique, de quoi mettre dans l'ombre une foule de poèmes littéraires, car ils se présentent «comme une plante odoriférante à côté d'une colline

224 Ibid., 550, 9 d'en bas -551, 6 d'en bas.

de bois à brûler, ou comme une troupe de jeunes filles qui dansent et chantent face à un ensemble de cadavres embaumés d'aromates».

Mais les orientaux, ajoute-t-il, sont loin de comprendre le sens de ces mots, car, bien que les dialectes arabes ne soient pas plus loin de la langue d'Abū l-ʿAlāʾ al-Maʿarrī et d'al-Mutanabbī que la langue barbare italienne de celle d'Ovide et de Virgile, Djubrān ne croit pas qu'il puisse se trouver parmi eux quelqu'un de grand qui écrive dans un dialecte, pour en faire une langue littéraire, du fait que les orientaux en général sont conservateurs, et suivront, à cause de cela, leur tradition ancestrale.

1.6- *Wa-mā khayru l-wasāʾili li-iḥyāʾi l-lughati l-ʿarabiyyati*[225] (quels sont les meilleurs moyens de revivifier la langue arabe)?

Le meilleur moyen, le seul moyen de revivifier la langue arabe est entre les mains du poète, dont il décrit la puissance, avec des images saisissantes, sur lesquelles on reviendra plus loin en détail; je ne ferai que les résumer ici rapidement, car ces réflexions sont importantes pour la compréhension de l'ensemble de ses propositions, concernant l'avenir de la langue et des moyens de la développer, en général:

«Le meilleur des moyens, le seul pour revivifier la langue est dans le cœur du poète, sur ses lèvres et entre ses doigts, car le poète est l'intermédiaire entre la force créatrice et les hommes, il est le fil qui conduit ce que lui raconte le monde de l'âme pour le monde de la recherche, et ce que décide le monde de la pensée pour le monde de la conservation et de la codification. Le poète est le père de la langue et sa mère, elle marche là où il marche, et s'accroupit, là où il s'accroupit; et lorsqu'il trépasse, elle s'asseoit à sa tombe, pleurant et sanglotant, jusqu'à ce qu'un autre poète passe et la prend par la main».

---

225 Ibid., 551, 5 d'en bas -554.

Si le poète a cette fonction parentale si vivante, par rapport à la langue, «l'imitateur», par contre, «lui tisse son linceul et lui creuse son tombeau». Les images foisonnent, toutes pleines de lueur et de couleurs, pour opposer la contribution innovatrice du poète à l'inertie de l'imitateur, qui reste éloigné de la vérité et incapable d'être efficace. Dans cette catégorie il classe les lexicographes stériles, auteurs de dictionnaires et de longs écrits linguistiques, ou instigateurs d'académies de langues, «dont la tâche ne dépasse pas le rôle du tamiseur»; et tamiser ne sert à rien, tant qu'il n'y a pas de blé à récolter.

Donc, il faut des poètes, et il y en a chez les arabes, dit-il, car «chaque oriental peut être un poète dans son champ, dans son jardin et devant son atelier de tisserand, à l'intérieur de son temple, sur sa chaire ou à côté de sa bibliothèque. Chaque oriental est en mesure de se libérer de la prison de l'imitation et des traditions, et de sortir vers la lumière du soleil, pour marcher dans le cortège de la vie. Tout oriental est capable de se livrer à la force créatrice, cachée dans son âme, cette force toute éternelle qui, à partir des pierres, fait naître des enfants de Dieu».[226]

L'article se termine par un rejet total de l'imitation poétique des anciens et celle de l'Europe, car il est plus digne pour ces imitateurs de mourir «négligés et méprisés, leur dit-il, que de brûler vos cœurs comme encens devant les statues et les idoles».[227]

Il y a dans ces phrases de quoi ériger un programme socioculturel, au sein du mouvement de la renaissance arabe moderne. Il est frappant de voir comment certaines vues linguistiques s'allient à d'autres d'ordre social, et le tout s'intègre dans un système cher à Djubrān, qui gère les relations de l'individu supérieur et des autres membres de sa société, qui dépendent de son mouvement vital. Analysons brièvement ces deux idées, pour pouvoir évaluer l'apport, l'originalité et le sens des limites de ses vues.

---

226 Concernant cette dernière idée, v. ibid., 554, 3 sqq.
227 Ibid., 554, 10 sqq.

2. Le plan purement linguistique.

Djubrān a trouvé devant lui, dans ce domaine, une longue tradition: tous les grands auteurs arabes de la deuxième moitié du XIXe et du début du XXe siècle avaient constaté l'état piteux, dans lequel se trouvait la langue arabe; et beaucoup d'entre eux ont senti la nécessité d'établir un programme, pour pallier à cette situation: surtout des auteurs libanais, parmi lesquels il y avait de toute manière les plus grands philologues de la littérature arabe de la renaissance. Il n'est pas de mon dessein de les énumérer ici, ni d'aborder les points essentiels qui les ont occupés à ce sujet, bien que le problème mériterait une étude sérieuse et exhaustive, ni non plus de discuter du peu d'intérêt qu'on leur porte en général, en dehors du Liban et des deux ou trois pays limitrophes. Ils ont servi la cause non seulement de la culture moderne des arabes, mais aussi celle de la langue arabe, qui vit jusqu'à maintenant des grandes lignes qu'ils ont tracées, pour la défendre et la développer.

Il faut mentionner à ce sujet en premier lieu Ibrāhīm al-Yāzidjī (1847-1906),[228] sur lequel seulement j'aimerais avancer quelques remarques, parce que d'une part il était l'un des plus grands philologues arabes modernes, sinon le plus grand parmi eux, et qu'il a dû d'autre part influencer certaines vues de Djubrān, surtout dans le domaine socio-linguistique. Sur lui nous avons une monographie de Paul Soueid, parue dans les publications de l'Université Libanaise. L'auteur a conçu son livre en trois parties, avec une introduction générale sur la vie sociale et intellectuelle de l'époque: La première partie s'occupe de l'homme qui s'est éteint au Caire, où il est venu s'installer, des années avant sa mort, en y fondant deux revues *al-Bayān* et *al-Ḍiyā'*.[229] Sa dépouille mortelle fut transférée au Liban par le soin de grands écrivains libanais installés en Egypte, à leur tête

---

228 Sur lui v. Paul Soueid, *Ibrāhīm al-Y.* L'homme et l'œuvre; Y.A. Dāghir, *Maṣādir al-dirāsa l-adabiyya*, II, 730-734.

229 Sur ces revues, v. Soueid, ibid., 106 sqq., et Y.A. Dāghir, *Qāmūs al-ṣaḥāfa l-lubnāniyya*, 332 (*al-Bayān* 1897), 1095 (*al-Ḍiyā'* 1898).

le traducteur de l'Iliade, Sulaymān al-Bustānī (1856-1925).[230] La deuxième partie traite de l'œuvre et la troisième de l'influence de l'écrivain sur le XXe siècle. Un livre très intéressant et instructif, surtout qu'al-Yāzidjī ne semble pas du tout susciter de la curiosité chez les arabisants en Occident, alors qu'il est un grand maître surtout de la philologie arabe moderne, dont il a soigneusement étudié les problèmes, aussi dans le contexte sociolinguistique.

Au Caire al-Yāzidjī a une tâche à la fois linguistique et scientifique: il veut «démolir pour reconstruire: voilà ce à quoi tend cet homme dans son œuvre philologique. Epurer le langage, l'assouplir ensuite, le rendre apte à exprimer les idées de son temps, créer des termes nouveaux, tel est le but qu'il se propose d'atteindre». C'est pourquoi il publie traité sur traité, luttant pour son idéal, sans peur de démolir aussi ce que les anciens ont commis comme erreurs à son sens, ni «de dénoncer le mal grave dont» la société «souffre depuis longtemps déjà, l'équilibre rompu entre elle et la nation».[231]

Son traité *al-Lugha wa-l-ʿaṣr* (La langue et l'époque),[232] publié le premier juin 1897 dans sa revue *al-Bayān*, a été particulièrement diffusé par la fameuse anthologie *al-Rawāʾiʿ* de Fuʾād Afrām (Ephrem) al-Bustānī[233] qui vient de s'éteindre il y a peu (vers le début de février 1994). Les titres des différentes questions débattues suffisent déjà pour montrer combien les idées d'al-Yāzidjī étaient importantes pour son époque: elles vont de

---

230 Les articles de la nouvelle Encyclopédie de l'Islam sur les Bustānīs sont malheureusement bien insuffisants; aussi insuffisantes sont les pages qu'Albert Hourani a consacrées à Sulaymān, dans son livre: Islam in European Thought, Cambridge 1991, dont j'ai la traduction allemande (de Gennaro Ghirardelli) sous la main, et à cause de cela je la cite ici: Der Islam im europäischen Denken. Essays, Francfort/M. 1994, 215 sqq. Elles comprennent mal la valeur et la qualité réelle de la traduction de l'Ilyade par Sulaymān al-Bustānī.

231 Soueid, ibid., 23-24.

232 Ibid., 59 sqq.; un extrait commenté par Fuʾād Afrām al-Bustānī, *al-Rawāʾiʿ, al-Shaykh I. al-Y.* 28-56.

233 Ibid., 28 sqq., 35 sqq., 37 sqq., 41 sqq., 44 sqq., 52 sqq. (ici: langue littéraire et langue dialectale) etc.

simples mais pénétrantes constatations sur l'origine et les structures morphologiques et sémantiques, jusqu'à des observations encore plus judicieuses sur les rapports intimes entre la société et sa langue, dont elle est le miroir. Là, il commence par faire un constat triste, concernant l'insuffisance de la langue arabe face aux besoins de l'époque. La langue n'est pas la cause de ce retard immense, contrecarre-t-il, pour répondre à des propos possibles de ce genre, mais c'est la société qui en porte la pleine responsabilité, car elle était devenue, à l'âge classique, l'instrument adéquat, pour refléter l'état extrêmement développé dans tous les domaines scientifiques et sociaux des arabes. C'est ensuite qu'il avance ses propositions de modernisation et ses remarques pertinentes sur toutes sortes de néologismes, et bien sûr aussi sur la langue des traducteurs, sans oublier d'examiner le problème de la langue dialectale et de la langue littéraire, dont il étudie les relations, les avantages et les désavantages sur le plan scientifique et social, ainsi que la question de l'emploi de l'alphabet latin pour l'arabe, emploi qu'il rejette, parce que non sage.[234]

L'influence de toutes ces idées et d'autres aspects philologiques, qu'on ne peut analyser en détail dans une étude de ce genre sur Djubrān, s'est fait sentir grandement sur toutes les générations d'intellectuels-philologues, comme d'ailleurs Soueid le note si clairement. Djubrān ne pouvait, certes, faire exception à cet engouement pour le «maître aimé et admiré par ses nombreux disciples et amis», et qui fut «redouté par ses jaloux adversaires», mais «lu par tous indistinctement»: maître, il «étendait son savoir, son pouvoir sur les uns et les autres à la fois. Chef d'Ecole aussi, l'Ecole yazigienne, il n'a jamais cessé, jusqu'au dernier souffle de donner des directives, de rayonner. Pousser la culture linguistique jusqu'à l'extrême limite, l'aider à évoluer lentement mais sûrement suivant ses propres lois... la rendre capable d'être de nouveau une langue de civilisation, le véhicule de la pensée moderne».[235] Djubrān n'a pas pu échapper à cette sphère d'influence, comme on le verra par la suite, même s'il a

234 Ibid., et Fu'ād Afrām al-Bustānī, *al-Rawā'i'*, 52 sqq.
235 Soueid, 151, 1 sqq.

tenu des propos peu alléchants sur les philologues, comme il en a témoigné plus haut. Les idées d'al-Yāzidjī contiennent une analyse systématique de l'état linguistique déplorable de la langue arabe, qu'il impute à la société, et auquel il veut remédier, par des données empruntées à des aspects philologiques, avant tout, tout en prônant l'amélioration des conditions sociales, qui sera capable d'entraîner avec elle celle de la langue. Alors que Djubrān met en relief la puissance individuelle, créatrice, qui, elle seule, est en mesure de soulever les difficultés entassées, et qu'incarne le poète, et le poète seulement. Le poète étant compris comme l'individu créateur, ingénieux, qui développe le talent qu'il a reçu, qui fait que les choses boujent toujours plus, et auquel il oppose la mentalité de l'imitateur, qui est, par contre, sans personnalité et inefficace.

Il va sans dire que le fond de la performance à attendre s'inscrit dans la vision qu'al-Yāzidjī s'est faite, avant Djubrān, car en définitive il s'agit de savoir cultiver son jardin, pour répéter un mot cher à Voltaire, et que toutes les cultures dites bibliques, bien sûr l'islamique aussi, ont prêché, chacune à sa manière, et avec une appellation particulière, afin que la société puisse se développer, et que la langue soit mise en conformité avec cette évolution. Il reste cependant que Djubrān est un poète avant tout – sa prose est un véritable chant lyrique, hautement rhétorique – sans parler de sa poésie elle-même, qui sans doute n'a pas le même niveau que sa prose, mais qu'il fallait quand même étudier sérieusement. Lui, le poète-peintre, qui connaît le rôle de la poésie, depuis la Bible jusqu'à la littérature de l'Occident moderne dans laquelle il a baigné, tout en passant par les périodes classiques de l'Islam, s'est peu soucié de tout ce qui, dans la langue, ligotait le génie poétique, créateur, d'autant plus qu'il n'avait ni l'occasion ni les moyens d'étudier l'arabe, comme l'ont fait les grands philologues, ses compatriotes, le susmentionné al-Yāzidjī à leur tête. Le poète crée, et cela est important pour lui; alors que le philologue étudie, analyse, et cela lui était sans doute ennuyeux. C'est pourquoi on a tort de se ruer sur lui, pour ne voir que des travers dans sa langue, car il y a des infractions multiples, qui sont souvent du domaine de l'inattention ou même de l'ignorance linguistique, pardonnable chez un génie de ce niveau, bien loin du milieu arabe, et qui n'a eu que très peu de contact direct avec un enseignement de l'arabe au Liban; et on ne peut qu'admirer cette merveilleuse langue plus que poétique qu'il a su créer et qui contribue grandement au renouveau de la langue arabe.[236] Car c'est la beauté qui l'intéressait, et il a fait passer son message prophétique, par la magie de la langue arabe, qui devient sous sa main ensorcelante. N'est-ce point le rôle des poètes dans la culture en général? Et la langue a toujours besoin de créateurs de génie comme lui, sinon la culture risque de piétiner sur place et de (ne) produire (que) des plagiateurs, des imitateurs, qui, à eux seuls, seraient incapables de faire avancer la langue vers les horizons de la vie culturelle intense. On aura à y revenir plus loin, c'est pourquoi je ne m'y attarde pas ici.

3. Influence de la civilisation européenne.

Là il y a chez Djubrān une toute autre perspective d'approche, car, contrairement à son autre compatriote, il avait un tout autre point de vue, plus fraîs, parce que plus près des sources européennes, et parce qu'il avait lui-même expérimenté le phénomène de l'émigration et du danger de perte d'identité. On peut se rappeler combien la chanteuse d'Andromaque a suscité en lui de nostalgie écœurante pour sa patrie d'origine, ce qui devra nous occuper encore davantage, en fonction du rôle accordé aux poètes dans la société.

Au fond du problème , il n'y a de différence que dans la manière de description avant tout, qui est pleine d'images chez

---

236 Il y a entre-temps beaucoup de travaux qui se sont occupés de la langue de Djubrān, les uns la louant, parfois démesurément, à juste titre, et d'autres lui reprochant d'aller contre les règles et l'esprit de l'arabe; v. p. ex. Muḥammad Qāsim, *Lughat Djubrān bayn al-tahāfut wal-ibdā'*, où les deux derniers termes employés sont évocateurs pour ces tendances: *al-ibdā'*, 7 sqq.; créativité contre les règles de la langue, 14 sqq.; fautes de grammaire, de syntaxe et d'orthographe, 23 sqq., passant en revue une série d'œuvres de l'auteur.

l'auteur d'*al-Nabī* (The Prophet). Djubrān n'est pas un philologue, mais un poète qui adore l'image, la peinture sous toutes ses formes poétiques. C'est à cause de cela qu'il tient à la vitalité de l'âme d'un peuple que le dialecte incarne, qui, à son tour, peut promouvoir la créativité dans la langue littéraire. Donc il est impossible, à cause de cet aspect concernant la force créatrice inhérente au dialecte, de concevoir que cette langue littéraire puisse engloutir les dialectes. Alors qu'al-Yāzidjī, là, est plus philologiquement orienté, et il prend en considération les structures phonétiques et morphologiques de la langue en général, pour défendre l'ingénuosité dans le domaine littéraire, que représentent pour lui les «maîtres de la langue», qui doivent se réveiller, «pour s'occuper de lui combler sa faille et l'amener à marcher au pas des langues de l'époque; car elle est en voie de devenir plus laide que ce à quoi l'auteur du livre et ceux qui sont de son avis ont attiré l'attention, de telle manière que la langue de la science et du *ḥadīth* vont toutes les deux devenir une branche de la langue maltaise».[237]

Toutes proches de cette idée sont les lignes de Djubrān sur l'importance de la langue écrite, dans la propagation de la culture et l'enseignement des sciences, où il rejoint de nouveau son maître al-Yāzidjī, car il veut que cela se fasse. C'est pourquoi il propose que les écoles aient un cachet national et non point confessionnel, afin qu'une école publique forme les germes d'une solidarité politique et des tendances nationales, et que les individus deviennent les enfants de la même patrie, et non point ceux de deux patries en lutte et en contradiction; sinon, l'ami de l'Occident, rappelons-nous ce qu'il disait là-dessus plus haut, tourne en ennemi, et c'est la destruction et l'éparpillement.[238]

---

237 Fu'ād Afrām al-Bustānī, *al-Rawā'i'*,37, 1 d'en bas -38.

238 Le mot arabe *(indithār)* employé par Djubrān, non seulement ici, mais dans ses *Mawākib* plusieurs fois sous sa forme verbale *(indathara...)*, se trouve en place centrale déjà chez Ibrāhīm al-Yāzidjī, et justement dans ses réflexions sur la langue et la société, Fu'ād Afrām al-Bustānī, ibid., 37, 4 *(... fī iḥyā'i mā ndathara minhā)*.

V- La place particulière accordée au génie poétique, à la création et à la créativité dans la société.

Nous abordons là un aspect crucial dans l'œuvre de notre auteur, sur lequel a coulé beaucoup d'encre, mais qui n'a jamais été analysé sous toutes ses dimensions, et en tenant compte de toutes les influences qui ont pu s'exercer sur lui. Je n'ai pas la prétention ici de le discuter avec toute la richesse de ses données, mais je tâcherais par contre de voir une série de textes, qui me semblent être d'importance à ce sujet, pour susciter de l'intérêt, et pousser surtout les jeunes chercheurs à l'étudier, en particulier à la lumière de la littérature comparée. Le génie de Djubrān le mériterait, d'autant plus que c'est un génie avant tout poétique, et qu'il accorde au poète une place particulière dans le cortège des nations civilisées.[239]

Les textes avec lesquels nous avos affaire sont de différentes faces, mais tournent tous autour du poète, de sa situation, de son rôle et partant de son essence. Nous allons d'abord les présenter, pour ensuite pouvoir les étudier et dans le cadre de la culture arabo-islamique et dans celui de la culture européenne. On commencera par présenter les passages qui s'occupent directement, et déjà dans leurs titres, du problème «poète», pour leur ajouter par la suite, le cas échéant, d'autres réflexions qui éclairent, d'une manière ou d'une autre, les aspects à traiter. Nous avons à notre disposition, comme plus haut, certains chapitres

239 Bien sûr qu'ici il ne s'agit pas de retracer tout ce qui peut, de près ou de loin, avoir affaire à ce thème plus que central dans les littératures européennes, surtout modernes, depuis Goethe jusqu'aux grands écrivains français, auxquels Paul Bénichou a consacré des livres remarquables; mais on confrontera certaines des idées de l'auteur avec les lignes générales des européens, et avant tout des poètes arabes avant lui; parce que l'auteur a dans ce domaine une tradition arabe particulièrement performante.

de l'œuvre complète et des suppléments tirés surtout du livre d'al-Qawwāl susmentionné.

Il est bon d'attirer d'abord l'attention sur certaines des idées défendues par Djubrān, dont il était question dans les pages précédentes de ce travail, en particulier sa prise de position bien ferme en faveur de la culture arabo-islamique classique, pour laquelle il témoignait une vénération spéciale, allant presque jusqu'à la sacralisation;[240] ses opinions concernant l'avenir de la langue arabe, quoique avec des nuances, vont aussi dans la même direction.[241] Devant le passé plus que grandiose, et le présent plus que désolant, son attitude se montre tout clairement, et les textes à ce sujet sont bien éloquents:

1- Une pièce conçue pour le théâtre, sous le titre d'*al-Ṣulbān* (Būlus al-Ṣ.) du livre *al-ʿAwāṣif*,[242] nous apporte, déjà au début, une confirmation de cette idée, fortement enracinée dans l'idéologie culturelle de notre auteur; à peine le rideau se lève, et voilà qu'un fonctionnaire du gouvernement, nommé Khalīl Bek (=Bey) Tāmir, qui s'adresse à Yūsuf Masarra, écrivain et homme de lettres, le louant pour son article sur «les beaux arts et leur influence sur le caractère»; et il ajoute «qu'il lui a beaucoup plus, et que, sans sa teinte européenne, il serait ce qu'on a écrit de meilleur sur le thème».[243] Et c'est là que le dialogue culturel devient intéressant pour ce qui nous concerne, car il récapitule les éléments essentiels sur le passé et le présent d'une culture, tel que Djubrān l'a condensé par exemple dans le chapitre sur l'avenir de la langue arabe. C'est pourquoi ces réflexions méritent d'être suivies de près:

Khalīl: «Moi, ô Masarra Afandī (=Efendi), j'appartiens à ceux qui rangent l'influence des littératures européennes sur notre langue parmi les affaires nuisibles».

---

240 V. plus haut le premier chapitre, et surtout sous Ibn Sīnā, ou Abū l-ʿAlāʾ al-Maʿarrī...

241 V. le chapitre précédent, IV, n° 2, surtout.

242 *Al-Muʾallafāt al-kāmila*, I, *al-ʿAwāṣif*, 466-477.

243 Ibid., 466, 10 sqq.

Yūsuf Masarra (souriant): «Peut-être avez-vous raison, mon ami; cependant, en portant des habits européens, en prenant la nourriture dans des vases européens et en vous asseyant sur des sièges européens, vous vous contredisez vous-mêmes; par dessus tout cela, vous avez plus de goût pour la lecture de livres européens, que pour celle de livres arabes».

Khalīl: «Ces questions superficielles n'ont rien affaire avec les littératures et les beaux arts».

Yūsuf: «Si, il y a là une relation vitale, naturelle. Et si vous approfondissez un peu le sujet, vous verrez que les arts accompagnent les habitudes, les habits et les traditions religieuses et sociales, ils accompagnent même chacun des aspects de notre vie sociale».[244]

Khalīl: «Je suis oriental, et je resterai oriental jusqu'à la fin de ma vie, ceci malgré certains de mes aspects européens; car j'espère que la littérature arabe demeurera pure et exempte de toutes influences étrangères».

Yūsuf: «Vous souhaitez donc la mort de la langue et de la littérature arabes?»

Khalīl: «Et comment cela?»

Yūsuf: «Les nations vieilles, qui ne profitent rien de ce que produisent les nations jeunes, meurent culturellement et disparaissent spirituellement».

Khalīl: «Vos mots-là nécessitent une preuve».

Yūsuf: «J'ai mille et une preuves».[245]

Et la discussion se poursuit entre plusieurs personnages et les deux susnommés, mais après une performance musicale par le chanteur et homme de lettres Būlus al-Ṣulbān et son compor-

---

244 Ibid., 15 sqq.
245 Ibid., 467, 1-9.

tement en fonction de cela, qu'on qualifie d'ailleurs d *'al-nābigha al-madjnūn* (le génie fou):[246]

Khalīl: «Vos mots-là, ô Yūsuf Afandī,[247] ne diffèrent en rien dans leurs significations et leurs portées de ce qu'a apporté votre article sur les beaux arts; permettez-moi de vous répéter encore une fois que l'esprit occidental, l'esprit européen, que vous prêchez, sera une des causes de notre fin, comme peuple, et de notre disparition, comme nation».

Yūsuf: «Croyez-vous que ce que Būlus a fait la dernière nuit est un des aspects de l'esprit européen, que vous rejetez et que vous haïssez?»

Khalīl: «Je trouve étrange ce que Būlus Afandī a fait. Je le dis, malgré mon respect pour sa personne».

Yūsuf: «Al-Ṣulbān n'a-t-il pas entièrement la liberté de disposer de sa voix et de son art, comme il l'entend et quand il le veut?»

Khalīl: «Si, il a une entière liberté de faire ce qu'il désire; cependant, je suis d'avis que notre vie sociale ne peut pas s'accorder avec ce genre de liberté. Nos tendances, nos habitudes et nos traditions ne permettent pas au seul individu de faire ce que Būlus Afandī a fait la nuit précédente, sans se mettre dans une situation critique».[248]

C'est là que nous assistons à un plaidoyer du chanteur, qui, on peut bien le deviner, semble incarner l'opinion de Djubrān dans ce domaine, pour attirer l'attention sur cette société tournée vers le dénigrement des gens, de tout ce qui n'est pas conforme aux habitudes et aux traits de caractère en elle: il est critiqué parce qu'il est autrement qu'eux, comme s'est présenté l'auteur à nous plus haut, en énumérant tous les mauvaix traits qu'on lui reprochait; ici, comme lui là-bas, son héros n'a pas

246 Ibid., 472, 4 d'en bas.
247 Ibid., 473, 13 sqq.
248 Ibid., 473, 4 d'en bas sqq.

envie d'être comme la foule de ses semblables dans l'art, dans le chant, dans la musique, dans le métier; eux «ces encenseurs et ces mendiants qui vendent leurs voix, leurs idées et leurs sentiments, plutôt leurs âmes pour un *dīnār*, pour du fourrage ou pour une bouteille de vin. Nos riches et nos notables connaissent ce secret, c'est pourquoi on les voit acheter les hommes des arts et des lettres aux prix les plus bas, et les exposent dans leurs palais et leurs maisons, comme ils exposent leurs chevaux et leurs voitures sur les places et les rues. Oui, messieurs, les chanteurs et les poètes en Orient sont les porteurs d'encensoirs, plutôt sont les esclaves; et il leur a été assigné de chanter dans les noces, d'entonner des hymnes dans les cérémonies, de pleurer dans les enterrements et de composer les élégies dans les cimetières. Ils sont les instruments que l'on met en mouvement les jours de tristesse, et les nuits d'allégresse. Et s'il n'y a aucune cause pour la tristesse ou pour la joie, on les jette de côté, comme s'ils avaient été de la marchandise sans valeur. Moi, je ne blâme pas les notables et les riches, mais je jette le blâme sur les chanteurs, les poètes et et les hommes de lettres, qui ne se respectent pas, et ne se montrent pas avares de la sueur de leur front. Je leur fait des reproches, parce qu'ils ne se lèvent pas au-dessus des petitesses et des futilités. Je leur fait des reproches, parce qu'ils ne préfèrent pas la mort à la soumission et à l'humiliation».[249]

N'est-ce point là une image fidèle du Djubrān, tel qu'il s'est présenté à nous dans plusieurs des textes analysés plus haut? Et Būlus est bien son porte-parole à nouveau ici. L'attitude de ce dernier dans son insurrection prend de l'ampleur, devant une société esclave de la matière, et tournée vers les vanités. Ecoutons-le parler:

«Si j'avais pu chanter dans la maison de Djalāl Bāshā (=Pāshā),[250] je l'aurais fait; mais j'ai regardé autour de moi, ajoute le héros susmentionné, et je n'ai vu parmi les assistants que des

---

249 Ibid., 474, 3 sqq.
250 Ibid., 475, 1 sqq.

riches, qui n'écoutent des voix que le son des *dīnārs*, et que des notables, qui ne comprennent de la vie que ce qui les rehausse eux-mêmes et rabaisse les autres. J'ai regardé autour de moi-même, et je n'ai pas vu quelqu'un qui distingue (il parle de plusieurs instruments de musique)..., c'est pourquoi je ne pouvais pas ouvrir mon cœur devant des aveugles, ou en dévoiler les secrets devant des sourds. La musique est la langue des esprits. Elle est un courant invisible, qui bouge ses flots entre l'âme du chanteur et celles des auditeurs. Si par contre il n'y a pas d'âmes qui écoutent et comprennent ce qu'elles écoutent, alors le chanteur perd cette envie de témoigner et ce désir de montrer ce qu'il y a dans ses profondeurs comme mouvements et silences; car le musicien est comme la guitare à cordes serrées et sensibles; si les cordes venaient à se desserrer, elles perdraient leur qualité marquante et deviendraient comme des fils de lin».

Et l'artiste de reprendre la parole, pour exprimer sa tristesse, son extrême fatigue, devant l'extérieur accablant dont il est témoin, c'est pourquoi ce soir il s'est mis à «chanter, jusqu'au matin,[251] parce que, dit-il, j'ai voulu déverser les choses cachées dans mon cœur, parce que j'ai voulu jeter un lourd fardeau de mes épaules, parce que j'ai voulu faire des reproches à la nuit, à la vie et au temps, parce que j'ai senti une nécessité urgente de resserrer ces cordes qui se sont desserreés dans la maison du Bāshā... L'art est un oiseau libre, qui nage, voltigeant, quand il le désire, et redescend vers la terre, quand cela lui plaît; et il n'y a pas de force dans ce monde qui puisse le ligoter ou le changer. L'art est un esprit élevé, qui ni se vend, ni ne s'achète. Les orientaux doivent reconnaître cette vérité absolue. Quant aux artistes parmi nous, et ils sont plus rares que le soufre rouge, il leur incombe de respecter leurs âmes, car elles sont le vase que Dieu remplit de vin céleste».

Voilà des mots on ne peut plus clairs sur le rôle de l'homme d'esprit, artiste, homme de lettres ou poète, car, on le verra encore plus clairement par la suite, Djubrān a été imprégné aussi

---

251 Ibid., 475, 18 sqq.

par les discussions littéraires et artistiques, menées dans tous les cercles des villes occidentales, par lesquelles il a passé, et surtout à Paris qui l'a beaucoup marqué, même si les apparences témoignent avant tout d'autres influences. Ainsi s'est constitué une vision spéciale de l'homme d'esprit, du poète, qui va le mener bien loin, et sûrement beaucoup plus loin que le monde occidental ne pouvait le lui montrer, et qui ne peut être comprise à sa juste valeur sans tout le passé biblico-arabe qui pèse lourd, d'ailleurs non seulement dans ce domaine, sur son approche du monde. Mais auparavant, nous continuons la présentation d'autres textes sur le poète et son rôle, déjà marqué par ce qui a été dit, surtout dans son étude de l'avenir de la langue arabe, et que la fin du récit précédent a particulièrement mis en valeur.

2- A placer dans cet ensemble de réflexions est un texte assez court, portant le titre de *Shuʿarāʾ al-mahdjar* (poètes de l'émigration),[252] de son livre *Damʿa wa-ibtisāma*: là aussi, nous avons une critique acerbe de ce que font les poètes contemporains à lui, où nous assistons à une comparaison entre le passé poétique de l'Islam (et un peu celui de l'Europe classique et moderne) avec ce à quoi sont arrivés les poètes en question. Une déception à peine voilée, que Djubrān n'hésite pas à expliquer, à laquelle suit une description de l'essence divine de la poésie, dont les normes classiques lui semblent être souillées par ses contemporains d'*al-Mahdjar.*

Dès le début de son article, il se réfère au fondateur de la prosodie arabe, le fameux al-Khalīl, à al-Mutanabbī et à quelques autres poètes arabes et européens, pour exprimer cette entière déception:

«Ah si al-Khalīl avait pu s'imaginer que les mètres dont il a composé les colliers, et dont a il judicieusement ajusté les articulations, devaient tourner en mesure pour les restes de talent et en fils sur lesquels on attache les coquilles des idées, il aurait répandu ces colliers et défait ces boutonnières.

---

252 *Al-Muʾallafāt al-kāmila*, I, *Damʿa wa-ibtisāma*, 304.

Ah si al-Mutanabbī avait pu prophétiser et (Ibn) al-Fāriḍ supposer que ce qu'ils avaient écrit devait devenir une source pour des idées stériles et un guide pour les têtes des sentiments de nos jours, ils auraient dévidé les encriers dans les carrières *(maḥdjir/maḥādjir)* de l'oubli, et cassé les plumes par les mains de l'abandon.

Et si les âmes d'Homère, de Virgile, de l'aveugle d'al-Maʿarra (=Abū l-ʿAlā') et de Milton avaient su que la poésie, qui a pris corps à partir de l'âme, (elle-même) semblable à Dieu, allait descendre ses montures dans les maisons des riches, ces esprits se seraient éloignés de notre terre, et seraient disparus derrière les planètes».[253]

La deuxième partie de cette tirade,[254] qui accuse, une fois de plus, une attitude de vénération spéciale pour le passé arabe classique, dont il voit non sans amertume, la destruction par le mercantilisme intellectuel autour de lui, et ailleurs, rejoint les grandes lignes déjà vues sur l'essence poétique, sur laquelle on reviendra aussi dans les textes suivants:

«Je n'appartiens pas aux entêtés, mais il m'est difficile de voir la langue des esprits être transmise par les langues des idiots, et le fleuve des dieux couler sous les plumes des prétentieux; et je ne suis pas isolé dans les profondeurs du mécontentement, mais j'apparais comme l'un de beaucoup d'autres qui contemplent la grenouille se gonfler, imitant le bœuf.[255]

La poésie, ô gens, est un esprit saint, qui a tiré sa forme d'un sourire qui vivifie le cœur, ou d'un soupir qui écarte de l'œil ses larmes. Les fantômes de sa demeure sont l'âme, sa nourriture est le cœur et sa boisson sont les sentiments; si le poète venait sur d'autres formes, il serait comme un Messie imposteur et son rejet serait plus protecteur.

---

253 Ibid., 304, 1 sqq.

254 Ibid., 304, 10 sqq.

255 Allusion à la Fable de La Fontaine «La grenouille qui se veut faire aussi grosse que le bœuf», Fables, 20.

O dieux de la poésie, ...pardonnez les péchés de ceux qui se rapprochent de vous, avec leur bavardage, et ne vous adorent pas avec l'honneur de leurs âmes et les imaginations de leurs idées.

Et ô vous âmes des poètes, qui regardez vers nous du haut du monde de l'éternité, nous n'avons aucune autre excuse de nous avancer vers des autels que vous avez ornementés par les perles de vos pensées et les joyaux de vos âmes sauf que notre époque-ci abonde en trouble de ferraille et en tumulte d'usines, de telle sorte que notre poésie est sortie aussi lourde et énorme que les trains, et aussi gênante que le sifflement de la vapeur.

Et vous, ô véritables poètes, pardonnez-nous, car nous appartenons au nouveau monde, nous courrons derrière les choses matérielles: la poésie est devenue chez nous une matière, que transportent les mains et qu'ignorent les âmes».

3- Un autre texte, peut-être le plus beau dans ce contexte, est bien *al-shāʿir* (le poète)[256] de la même œuvre citée plus haut, qui apporte un point culminant dans ce qui nous intéresse ici, et condense en quelques lignes toute l'idéologie djubrānienne à cet égard:

«Le poète est un anneau qui relie ce monde avec celui qui vient.[257] Il est une source douce, de laquelle boivent les âmes assoiffées. Il est un arbre planté au bord du fleuve de la beauté, un arbre qui porte des fruits mûrs, que les cœurs affamés recherchent. Il est un rossignol qui se promène sur les branches de la parole, et chante des mélodies qui remplissent les cellules des organes de tendresse et de douceur. Il est un nuage blanc qui se montre au-dessus de la ligne du crépuscule du soir, puis s'amplifie et monte, jusqu'à ce qu'il remplit la face du ciel, pour arroser les fleurs du champ de la vie. Il est un ange, que les dieux ont envoyé, pour apprendre aux hommes les choses divines. Il est une lumière éclatante, qu'aucune ténèbre ne peut vaincre et qu'aucune mesure ne peut cacher; il fut rempli d'huile

256 Toujours dans *Damʿa wa-ibtisāma*, 330-331.
257 Ibid., 330, 5 sqq.

par Ashtart, déesse de l'amour, et allumé par Apollon, dieu de la musique.

Solitaire, il revêt la simplicité, se nourrit de gentillesse et s'assoit dans le sein de la nature, pour apprendre la créativité et veiller, dans le silence de la nuit, attendant la descente de l'esprit. Un semeur qui sème les grains de son cœur dans les prairies des sentiments, pour qu'ils donnent naissance à un champ de céréales fertiles, qu'exploite l'humanité et dont elle se nourrit.

Celui-là est le poète qu'ignore les gens dans sa vie, et qu'il ne connaissent que quand il fait ses adieux à ce monde, et qu'il rentre dans sa patrie céleste. Lui qui ne demande des hommes qu'un petit sourire, et dont les respirations montent et remplissent l'espace de spectres vivants et beaux, alors que les gens lui sont avares de pain et d'habitat.

Jusqu'à quand, ô homme, jusqu'à quand ô monde, tu montes des maisons glorieuses pour ceux qui ont pétri la surface de la terre avec du sang, alors que tu te détournes, avec négligence, de ceux qui t'ont donné, à partir des beautés de leurs âmes, de la paix et de la douceur? Et jusqu'à quand tu glorifies les assassins et ceux qui ont courbé le cou (des gens) sous le joug de l'esclavage, et tu jettes dans l'oubli des hommes qui déversent la lumière des pupilles de leurs yeux dans la noirceur de la nuit, pour t'apprendre à voir la splendeur du jour, et passent la vie entre les griffes de la misère, afin que ne te manque pas le délice du bonheur?

Et vous, ô poètes,[258] ô vie de cette vie, vous avez vaincu les siècles, malgré la rudesse des siècles, vous avez remporté les couronnes de lauriers, en dépit des épines des vanités, et vous étiez les rois des cœurs, et votre règne n'aura ni fin ni disparition, ô vous poètes».

258 Ibid., 331, 1 sqq.

4- Peut-on écrire quelque chose de plus splendide et de plus émouvant que ces mots, qui auraient enchanté les grands poètes et artistes de tous temps, surtout dans le cortège des grands génies en Occident, auxquels sans aucun doute il pense aussi ici. Il fait partie intime de leur cortège, surtout de ceux d'entre eux qui étaient les malheureux de la terre, les incompatibles, ceux qui ne se plient pas aux lois dictées par les classes sociales de toutes sortes qu'il critique et desquelles il s'isole, volontiers. Le texte dans ce domaine, qui résume toute son attitude, son sort qu'il a en commun avec beaucoup de poètes romantiques surtout, frappés par le mal du siècle, porte aussi le titre *al-shāʿir* (le poète),[259] cette fois paru dans *al-ʿAwāṣif* (alors que le premier du même titre était de *Damʿa wa-ibtisāma*). Son mal rongeur est la solitude, qu'il dissèque dans ce texte, et présente sous un jour nouveau, à sa manière, comme un chant du génie condamné à se séparer du reste de ses semblables qu'il aime, qu'il aime beaucoup, comme on le verra plus loin.

Particulièrement émouvants sont les accents de ce chant plus que romantique, que les grands génies souffrants, foulés aux pieds par leur temps, auraient fait leur, avec la plus grande gratitude, et dont la formule incantatoire, magique, obsédante dans sa répétition, qui introduit les paragraphes est : «je suis étranger dans ce monde». Suivons l'auteur dans son hymne à la poésie, et à l'amour de l'esprit, que je traduis, en conservant l'ordre extérieur des paragraphes, tel que l'édition utilisée ici l'amène:

«Je suis étranger dans ce monde.[260]

Je suis étranger, et dans la vie à l'étranger il y a une solitude rude et un isolement douloureux, mais ceci me fait penser toujours à une patrie magique que je ne connais pas, et remplit mes rêves de spectres d'une terre éloignée que mes yeux n'ont pas vue.

---

259 *Al-Muʾallafāt al-kāmila*, I, *al-ʿAwāṣif*, 492-493.
260 Ibid., 492, 1 sqq.

Je suis étranger à ma famille et à mes amis; si je rencontre l'un d'eux, je me dis à moi-même: qui est celui-ci, comment l'as-tu connu, quelle loi me lie à lui et pourquoi je m'approche de lui et je m'asseois avec lui?

Je suis étranger à moi-même; si j'écoute ma langue parler, mon oreille trouve ma voix étrange, et il m'arrive de constater que le fond de moi-même rigole, pleure, se jette dans le combat et se montre craintif, et mon être s'étonne de mon être et mon âme demande des explications à mon âme; néanmoins je reste inconnu, voilé, enveloppé de brouillard, voilé par le silence.

Je suis étranger à mon corps; et chaque fois que je me tiens devant un miroir, j'aperçois dans mon visage ce que ne ressent pas mon âme, et je découvre dans mon œil ce que ne cachent pas mes profondeurs.

Je marche dans les rues de la ville, et voilà que les jeunes me suivent en criant: c'est l'aveugle, donnez-lui une béquille, sur laquelle il puisse s'appuyer. Et moi je les fuis en vitesse. Puis je rencontre un groupe de jeunes filles, et elles s'accrochent aux queues de mes habits en disant: il est sourd comme un rocher, laissons-nous remplir ses oreilles de mélodies d'amour et de ghazel. Mais moi, je les quitte, en courant. Puis je tombe sur une assemblée de vieux, qui alors se mettent autour de moi, disant: il est muet comme une tombe, nous allons rectifier la courbure de sa langue. Et moi je m'éloigne d'eux avec frayeur. Puis je passe par quelques vieux, et ils font des signes vers moi, avec des doigts tremblants, en disant: il est fou, il a perdu son bon sens sur les arènes des djinns et des ogres.

Je suis étranger dans ce monde.[261]

Je suis étranger, et j'ai parcouru les régions orientales et les régions occidentales de la terre, et je n'ai ni trouvé de patrie pour moi, ni qui me connaisse, ni qui m'écoute.

---

261 Ibid., 492, 3 d'en bas. Avec cette phrase, qui forme un véritable leitmotiv de tout le texte, commence la deuxième partie, et celle-ci va jusqu'à la p. 493, 9.

Je me réveille au matin, et me trouve prisonnier dans une caverne obscure, du toit de laquelle les vipères pendent et dans les coins de laquelle les insectes marchent; et je sors à la lumière, et voilà que l'ombre de mon corps me suit, alors que les ombres de mon âme avancent devant moi vers un lieu dont je n'ai aucune idée, recherchant des affaires que je ne comprends pas, tenant des choses dont je n'ai pas besoin; et quand tombe le soir, je reviens et m'allonge sur mon lit fait de plumes d'autruche et d'épines de tragacante, et c'est là que m'assaillent des idées bizarres et me saisissent des envies gênantes et réjouissantes, douloureuses et délicieuses; et lorsque le milieu de la nuit arrive, entrent chez moi, par les fissures de la caverne, les fantômes des temps passés et les esprits des nations oubliées, je les fixe et ils me fixent, je m'adresse à eux, demandant des explications, et ils me répondent en souriant, puis j'essaie de mettre la main sur eux, mais ils disparaissent, s'évanouissant comme de la fumée.

Je suis étranger dans ce monde.[262]

Je suis étranger, et il n'y a personne dans l'existence qui connaîsse un mot de la langue de mon âme.

Je marche dans les champs vides, et je vois les ruisseaux monter au pas de course du fond de la vallée jusqu'au sommet de la montagne, et j'aperçois les arbres nus se vêtir, fleurir, porter des fruits et éparpiller leurs feuilles dans la même minute, puis leurs branches tombent par terre, et se transforment en serpents bigarrés et vibrants. Et je vois les oiseaux se déplacer en montant et en descendant, en chantant et en se lamentant, puis s'arrêtent et déploient leurs ailes, pour tourner en femmes nues, aux cheveux déliés, aux coux allongés, qui me regardent derrière des paupières fardées de passion, qui me sourient avec des lèvres roses, trempées de miel, qui tendent vers moi des mains blanches, douces et embaumées de myrrhe et de résine d'encens, puis qui se secouent, se voilent à mon regard et disparaissent comme

262 Ibid., 493, 10 sqq. jusqu'à la fin de la page, où se termine la troisième et dernière partie.

du brouillard, en laissant dans l'air l'écho de leur rire et leur moquerie de moi.

Je suis étranger dans ce monde.[263]

Je suis un poète qui réunit ensemble ce que la vie dissémine, et je disperse ce que la vie a mis en ordre, c'est pourquoi je suis étranger, et je resterai étranger, jusqu'à ce que la mort m'arrache et m'emporte vers ma patrie».

5- Le poète a eu, certes, des jours pleins d'harmonie et d'espoir, dans lesquels il s'attendait à un tournant heureux, plein de promesses pour son avenir; cependant, de tels passages dénotent une amertume particulière de voir le génie mal récompensé, ou plutôt cueillir l'ingratitude la plus aveugle, pour ce qu'il représente pour le monde et ses habitants. Un autre passage admirable dans sa poésie, et combien biblique, évangélique dans ses dernières tirades, va aussi dans ce sens, ouvrant le véritable monde cher à l'auteur, celui de la pitié et de l'amour, de l'amour immense, qui forme la toile de fond de toute son idéologie. Ecoutons-le décrire ce qu'il sentait, lors de son 25e anniversaire, qu'il a passé à Paris et dont il nous décrit les impressions, le 6 décembre 1908, sous le titre *Yaum maulidī*[264] (Jour de mon anniversaire – du même livre *Dam'a wa-ibtisāma*):

«Dans un jour pareil ma mère m'a enfanté»; et puis passent à sa mémoire tant et tant d'événements et d'attentes, depuis lors: l'enfant désireux d'apprendre tellement de choses qu'il ne connaît pas «des mystères de la lumière» et des «choses cachées de l'obscurité», des «lois suprêmes» qui régissent la marche de l'univers, du secret de son existence même... Tout passe devant ses yeux, sous formes de «méditations, d'idées et de souvenirs qui se bousculent dans mon âme, écrit-il, le même jour de chaque année».[265] Parmi les contours qu'il dessine devant nous, il y a des constantes qu'on peut relever:

---

263 Ibid., 493, 3 d'en bas sqq.

264 *Al-Mu'allafāt al-kāmila*, I, *Dam'a wa-ibtisāma*, 331-335.

265 Ibid., 331, 7 sqq.

L'amour est le terme qui se répète le plus, car cinq paragraphes commencent par le mot «j'ai aimé» (*aḥbabtu*):

«Dans les 25 années écoulées j'ai beaucoup aimé.[266] Souvent j'ai aimé ce que les hommes ont haï, et j'ai haï ce que les hommes ont aimé. Et ce que j'ai aimé, quand j'étais enfant, je l'aime toujours jusqu'à présent. Et ce que j'aime maintenant, je l'aimerai jusqu'à la fin de la vie. Car l'amour est tout ce à quoi je peux arriver, et personne ne peut me l'arracher.

J'ai aimé la mort plusieurs fois, et je l'ai appelé par plusieurs noms et je lui ai fait la cour en cachette et en public; cependant, même si je n'ai pas oublié la mort et ne lui ai pas rompu de promesse, j'ai commencé à aimer la vie aussi, car la mort et la vie sont devenues égales à mes yeux dans la beauté, elles se ressemblent dans le plaisir, s'allient à augmenter mon désir et ma nostalgie et participent à mon amour et à ma compassion.

J'ai aimé la liberté, et mon amour augmentait au fur et à mesure que croissait en moi la connaissance que les gens étaient les esclaves de la tyrannie et de l'humiliation, et il s'amplifiait avec l'amplification de ma compréhension qu'ils étaient soumis aux idoles horribles, qui ont été sculptées par les siècles obscurs, dressées par l'ignorance constante, et dont les côtés ont été polis par le contact avec les lèvres des esclaves; mais j'aimais ces esclaves par mon amour pour la liberté, et j'avais pitié d'eux, parce qu'ils sont des aveugles qui embrassent les gueules des bêtes féroces saignantes, et ne le voient pas, parce qu'ils sucent l'halètement des vipères méchantes, et ne le voient pas, et parce qu'ils creusent leurs propres tombeaux avec leurs oncles, et ne le savent pas. J'ai aimé la liberté plus que toute autre chose, parce que j'ai trouvé qu'elle était une jeune fille épuisée par la solitude et amaigrie par l'isolement, à tel point qu'elle est devenue comme un fantôme transparent, qui passe entre les maisons, s'arrête dans les courbes des rues et appelle les passants, mais ceux-ci ne l'écoutent pas et ne se retournent pas vers elle.

---

266 Ibid., 332, 10 sqq.

Dans les 25 années j'ai aimé le bonheur[267] comme tous les hommes, et je me levais tous les jours et le cherchais, comme eux le cherchaient, mais je ne l'ai jamais trouvé sur leur route, ni j'en ai vu de traces pour ses pas sur les sables qui entourent leurs palais, ni je n'ai écouté l'écho de sa voix sortir des fenêtres de leurs temples. Lorsque je me suis isolé pour le rechercher, j'ai écouté mon âme me murmurer à l'oreille, disant: le bonheur est une fille qui naît et vit dans les profondeurs du cœur, mais n'y vient pas de son milieu. Au moment où j'ouvris mon cœur, pour voir le bonheur, j'ai trouvé son miroir, son lit et ses habits, mais je ne l'ai pas trouvé.

J'ai aimé les hommes, je les ai beaucoup aimés, et les hommes sont d'après moi de trois sortes: l'une maudit la vie, l'autre la bénit et la troisième médite sur elle. J'ai aimé la première à cause de son malheur, la deuxième pour sa générosité et la troisième pour ses capacités intellectuelles».

Les souvenirs se déploient devant ses yeux, et il les capte, mais «sans espoir et sans attente»;[268] néanmoins non sans nous laisser une série de tableaux sur tout ce qui bouge sur terre devant ses yeux, tableaux qu'il sent, qu'il voit, qu'il observe, pour terminer par une apothéose dans ses réflexions qui le ramènent à lui-même:

«Je regarde et médite sur toutes ces choses,[269] à travers les vitres de ma fenêtre, j'oublie les 25 ans et les siècles qui les ont précédés et qui vont les suivre, et mon être et mon environnement se découvrent à moi, avec tout ce qui est caché et ce qui est extériorisé, comme une petite parcelle des soupirs d'un bébé qui tremblote dans un vide aux profondeurs éternelles, à la hauteur sans fin et aux limites infinies. Cependant je sens l'existence de cet atome, de cette âme, de cette substance que j'appelle moi. Je la sens bouger, et j'écoute son bruit, elle lève ses

267 Ibid., 333, 1 sqq.
268 Ibid., 333, 11 sqq.
269 Ibid., 334, 6 d'en bas sqq.

ailes vers les hauteurs[270] et ses mains s'étendent vers toutes les directions, puis se balance tremblotante, comme au jour qui l'a fait venir au monde, et d'une voix qui sort du plus sacré de ses choses sacrées, criant: salut,[271] ô vie. Salut, ô réveil. Salut, ô vision. Salut, ô jour... salut, ô nuit... Salut, ô saisons...», répétant les saluts 16 fois et les terminant par les mots qui correspondent le plus à son état d'âme en détresse: «Salut, ô cœur, parce que tu ne peux pas te moquer de la paix, alors que tu es rempli de larmes. Et salut, ô lèvres, car vous prononcez la paix, alors que vous goûtez l'amertume».

6- Assurément, tout contribue chez Djubrān à nous mener, pas à pas mais sûrement, vers l'amour et vers une religion spéciale de l'amour, dont il a su s'entourer, toute imbibée de nostalgie pour sa patrie libanaise, qui, on peut se l'imaginer, doit avoir guidé son orientation dans sa recherche d'une demeure idéale, éternelle: *Ṣaut al-shāʿir* (la voix du poète),[272] un des plus beaux chapitres de ce qu'il nous a laissé comme réflexions sur ce genre de thèmes, paru dans *Damʿa wa-ibtisāma*, constitue un sommet à ce sujet. Nous allons le suivre de près:

-I-

«La force jette ses semences dans les profondeurs de mon cœur, et moi j'en moissonne et rassemble les épis, pour les distribuer en brassées aux affamés. L'esprit donne la vie à cette petite vigne, et moi j'en presse les grappes et les donne à boire aux assoiffés. Le ciel remplit cette lampe d'huile, et moi je l'allume et la mets à la fenêtre de ma maison pour les passants dans l'obscurité de la nuit. Moi j'accomplis ces choses, parce que je vis par elles; et si les jours devaient m'en empêcher et les nuits me ligoter les mains, j'appellerais la mort, car la mort est plus

---

270 A partir de là, v. ibid., 335, 1 jusqu'à la fin du chapitre.

271 Concernant ces tirades, v. ibid., 2 sqq.

272 *Al-Muʾallafāt al-kāmila*, I, *Damʿa wa-ibtisāma*, 356-360. Le chapitre est divisé ici en 4 parties numérotées.

digne pour un prophète banni de sa nation, et pour un poète étranger à ses gens.

Les hommes font du bruit comme la tempête, alors que moi je respire avec calme, parce que j'ai constaté que la violence de la tempête passe, et le gouffre du temps l'engloutit, alors que le soupir demeure de part l'existence de Dieu.

Les hommes se collent à la matière froide, comme la neige, et moi je recherche la flamme de l'amour, pour la presser contre ma poitrine, de sorte qu'elle mange mes côtes et ronge mes entrailles, car j'ai trouvé que la matière tue l'homme sans (lui causer de) douleur, alors que l'amour le vivifie avec des douleurs.[273]

Les hommes se divisent en confessions et en tribus, et se rattachent à des pays et à des régions, et moi je me sens étranger dans le même pays, et mis en dehors de la même nation. La terre entière est ma patrie, et la famille humaine est ma tribu, car j'ai vu que l'homme était faible, et c'est de la petitesse qu'il se divise sur lui-même, et que la terre était étroite, et c'est de l'ignorance qu'elle se morcelle en royaumes et en principautés.

Les hommes s'épaulent dans la destruction des temples de l'esprit, et s'entraident dans la construction d'instituts du corps, et moi seul je prends la position de l'élégiste, cependant j'écoute et j'entends (venir) de mon intérieur la voix de l'espoir disant:

---

273 Combien notre auteur est tout proche des grands romantiques européens, comme p. ex. Musset, qui fait jaillir du fond de son cœur une gravité, une intensité douloureuse, particulièrement imposante, Lagarde/Michard, XIXe siècle, 224, 211 sqq.:
«Et nul ne se connaît tant qu'il n'a pas souffert» – ou encore:
«Je n'aurais jamais cru que l'on pût tant souffrir
D'une telle blessure, et que sa cicatrice
Fût si douce à sentir».
Piaf n'a-t-elle pas répété toute sa vie, dans plus d'une chanson parisienne, combien les larmes abondantes étaient le tribut du grand amour? Devant l'incompatibilité entre ce que le poète romantique allemand von Eichendorff appelle «Idealität» et «Realität», il s'écrie plein d'amertume et d'indignation, dans «Dichter und ihre Gesellen»: «Du schöne Welt, nimm dich in acht» (toi, ô beau monde, prends garde à toi), Frenzel, 341.

comme l'amour donne la vie au cœur humain par les douleurs, ainsi la sottise lui apprend les voies de la connaissance. Les douleurs et la bêtise conduisent à un plaisir immense et à une connaissance parfaite, car la sagesse éternelle n'a rien créé d'inutile sous le soleil.[274]

-II-

J'ai de la nostalgie pour mon pays,[275] et j'aime les habitants de mon pays, à cause de leur misère; néanmoins, si mon peuple se lève, mû par ce qu'il appelle patriotisme, pour marcher contre la patrie de mon proche, lui piller ses biens, lui tuer ses hommes, lui rendre ses bébés orphelins, et ses femmes veuves, lui arroser sa terre de sang et satisfaire la faim de ses animaux féroces avec les viandes de ses jeunes, à ce moment-là je haïrai mon pays et les habitants de mon pays.

Je brûle d'amour en mentionnant mon lieu de naissance, et je suis plein de désir pour une maison, dans laquelle j'ai grandi; mais si un passant venait à traverser la route, pour demander un logement et de la nourriture dans cette maison, et était rejeté dans sa demande et chassé, je changerais mon poème de passioné en élégie et mon désir ardent en oubli, et je me dirais à moi-même: La maison qui est avare de pain à celui qui en a besoin, et d'un lit à celui qui le demande, est celle d'entre les maisons qui mérite le plus d'être détruite et dévastée.

J'aime mon pays natal de par quelque chose de mon amour pour mon pays, et j'aime mon pays par une partie de mon amour pour la terre de mon pays. Et j'aime la terre par tout mon être, parce qu'elle est le pâturage de l'humanité et l'esprit de la divinité ici-bas. L'humanité sainte est l'esprit de la divinité sur terre. Cette humanité qui se tient parmi les ruines, qui se

---

274 *Al-Mu'allafāt al-kāmila*, I, *Dam'a wa-ibtisāma*, 356 (le numéro 1 prend toute la page).
275 Ibid., 357, 1 sqq., ici commence le numéro 2.

couvre la taille par des vêtements déchirés et usés, qui verse des larmes chaudes sur ses joues fanées et qui appelle ses enfants d'une voix qui remplit l'éther de plainte et de hurlement, alors que ses enfants sont détournés de ses appels par des chants fanatiques, tournant le dos à ses larmes, en polissant leurs épées. Cette humanité assise seule, implorant ses gens, alors que ceux-ci ne l'écoutent pas; et si un individu l'écoute, s'en approche, lui essuie ses larmes et la console dans ses temps durs, les gens disent: laissez-la, car les larmes n'ont d'influence que sur le faible.

L'humanité est l'esprit de la divinité sur terre. Cette divinité qui marche entre le peuples, qui parle avec amour et qui montre les voies de la vie, alors que les gens ricanent et se moquent de ses paroles et de ses enseignements. Ceux-ci que dans le passé le Nazaréen a écoutés, et il fut crucifié, et Socrate aussi et il fut empoisonné, et qu'aujourd'hui écoutent ceux qui défendent le Nazaréen et Socrate, et proclament leur nom devant les gens, alors que les gens ne peuvent pas les tuer, mais ils les tournent en dérision en disant: la dérision est plus dure et plus amère que l'homicide.

Jérusalem était incapable de tuer le Nazaréen, car il est vivant jusqu'à l'éternité, non plus Athènes n'a pu exécuter Socrate, et celui-ci est vivant jusqu'à l'éternité, et la dérision ne pourra pas l'emporter sur ceux qui écoutent l'humanité et suivent les pas de la divinité, car ils vivront toujours et jusqu'à la fin des temps.[276]

-III-

Toi, tu es mon frère,[277] et nous deux nous sommes les fils d'un même esprit saint absolu. Tu es semblable à moi, puisque

---

276 Le numéro 2, qui avait commencé au début de la p. 357, se termine p. 358, 3.

277 Ce numéro 3, qui commence à la p. 358, 4 et se termine 359, 3, est introduit comme le dernier par cette formule qui sacre le lien fraternel entre les hommes et lui confère un caractère éminemment religieux et mystique.

nous sommes tous les deux prisonniers de deux corps, et pétris de la même pâte. Tu es mon compagnon sur la route de la vie, et mon secours dans la compréhension de la nature de la vérité cachée derrière les nuages. Tu es un homme et je t'ai aimé, ô mon frère.

Dis de moi ce que tu veux, car le futur te fera périr et ton mot sera un indice clair devant son jugement, et une preuve juste devant son équité.

Prends de moi ce que tu désires, car je n'usurperai pas autre chose qu'un bien, à une part duquel tu as droit, et qu'un bien-fonds que je me suis approprié pour mes convoitises, dont tu es digne d'une partie, si une de ses parties te satisfont.

Fais avec moi ce que tu veux, car tu es incapable de toucher à ma vérité. Verse mon sang et brûle mon corps, car tu ne pourras pas causer des douleurs à mon âme, ni la faire périr. Attache-moi les mains et les pieds avec des chaînes, et fais-moi descendre dans l'obscurité des prisons, tu ne pourras jamais rendre ma pensée captive, car elle est libre comme la brise qui bouge dans un ciel sans bornes et sans fin.

Tu es mon frère et moi je t'aime.

Je t'aime prosterné dans ta mosquée, à genoux dans ton temple et priant dans ton église, car toi et moi nous sommes les fils d'une seule religion qui est l'esprit, alors que les chefs de cette même religion ne sont que des doigts collés à la main de la divinité, qui montre la perfection de l'âme.

Je t'aime à cause de l'amour de ta vérité, qui émane de la raison collective. Cette vérité que je ne vois pas maintenant, à cause de ma cécité, que je considère cependant comme sainte, parce qu'elle appartient aux œuvres de l'âme. Cette vérité qui rencontrera ma vérité dans l'autre monde, pour fusionner comme les respirations des fleurs et devenir une seule vérité absolue éternelle, de par l'éternité de l'amour et de la beauté.

Je t'aime parce que je t'ai trouvé faible devant les forts durs, et pauvre nécessiteux face aux châteaux des riches avides. C'est pouquoi j'ai pleuré à cause de toi, et de derrière mes larmes je t'ai aperçu entre les bras de la justice, alors qu'elle te souriait et se moquait de tes persécuteurs... Tu es mon frère et moi je t'aime.[278]

-IV-

Tu es mon frère et moi je t'aime. Pourquoi alors te disputer avec moi?[279]

Pourquoi viens-tu dans mon pays et essaies-tu de me soumettre, afin de contenter des chefs qui demandent la gloire par tes mots et la joie par tes fatigues? Pourquoi laisses-tu ta compagne et tes petits suivre la mort vers une terre lointaine, pour des commandants qui cherchent à acheter la grandeur par ton sang, et l'honneur insigne par les tristesses de ta mère? Mais est-ce un honneur insigne que l'homme abatte son frère? Laissons-nous, à ce moment-là, ériger une statue à Caïn, en chantant les louanges de Ḥānān.

Ils disent: ô frère, la protection de soi-même est une règle naturelle primaire; mais moi j'ai constaté que les avides de distinction te rendent aimable le don de soi-même, en vue de soumettre tes amis. Et ils disent que l'amour de la survie nécessite l'agression contre les droits des autres, alors que moi je dis: la protection des droits des autres est la plus noble et la plus belle action de l'homme, et je dis encore: si ma survie devait exiger la disparition des autres, alors la mort me serait plus délicieuse et plus aimable; et si je ne trouvais pas quelqu'un, pour me tuer noble, aimant et pur, je jouirais de l'offrande de moi-même de mes propres mains à l'éternité, avant l'avènement de l'éternité.

278 Avec ces derniers mots se terminent le numéro 3, ibid., 359, 3.
279 Par cette phrase commence le dernier numéro, ibid., 359, 4 sqq.

L'égoïsme, mon frère, a engendré la concurrence aveugle, et la concurrence a enfanté le fanatisme, et le fanatisme a mis en place l'autorité, et celle-ci était la cause des combats et de l'esclavage. L'âme enseigne l'autorité de la sagesse et de la justice sur l'ignorance et la tyrannie, mais rejette cette autorité qui tire à partir du métal les sabres tranchants et éguisés, dans le but de répandre l'ignorance et l'oppression. Cette autorité qui a détruit Babylone, effondré les fondements de Jérusalem et fait s'écrouler les monuments de Rome. Celle qui a fait sortir les sanguinaires et les meurtriers, que les gens qualifient de grands, dont les écrivains honorent les noms, dont les livres ne refusent pas, dans leur intérieur, de retenir les batailles et dont la terre ne s'abstenait pas de les porter sur sa surface,[280] lorsqu'ils remplissaient sa face de sangs innocents... Combien tu es séduit, ô mon frère, de ce qui t'a trompé, et combien tu parles de celui qui t'a nuit! L'autorité véritable est la sagesse qui protège la loi naturelle, générale et équitable. Où est la justice de l'autorité, si celle-ci tue le tueur et emprisonne le voleur, puis marche elle-même contre des pays voisins, tue des milliers et pille des dizaines de milliers? Que disent les fanatiques (concernant) des tueurs qui punissent celui qui tue, et des brigands qui récompensent celui qui pille?

Tu es mon frère et moi je t'aime, et l'amour est la justice sous ses meilleurs aspects; si je n'avais pas été équitable par mon amour pour toi dans toutes les patries, j'aurais agi avec ruse, cachant la laideur de l'égoïsme par le vêtement splendide de l'amour».

Caractère sacré de la poésie.

7- Une attitude poétique, imbue d'humanité, de mystique, qui résume tout ce qui a été majestueusement vécu, avant lui, par tant et tant de poètes. Une attitude qui reste néanmoins de dimension particulière, du fait qu'elle incarne tout un passé biblique, islamique et européen. Sans vouloir entrer dans les

---

280 Avec ce mot commence la dernière p. du dernier numéro, c'est-à-dire p. 360.

détails d'un sujet passionnant et immensément important pour l'histoire culturelle et sociale, il convient toutefois de noter que cette tradition, qui accorde au génie poétique une place particulière, était excellemment représentée dans la poésie arabe à l'époque préislamique: la poésie était «le divan des arabes, le guide de leurs histoires et de leurs actions et l'arbitre entre eux»[281]. Cette phrase, attribuée au calife Muʿāwiya, représente bien la valeur accordée à la poésie; et l'on comprend, à partir de là, la place spéciale qu'occupait le poète dans sa tribu, surtout qu'il dépassait, en mérite et en pouvoir représentatif, tout autre individu de rang de cette même tribu. Un rôle extraordinaire dont il jouissait, qui le faisait avancer au porte-parole, au défenseur des mérites, des biens, des familles de sa tribu, et, de plus, lui ouvrait les voies secrètes du monde. Chez le poète tout est guidé par cet «enchantement du monde»,[282] dont il détient la clef, à l'aide de sentiments secrets, inaccessibles au commun des mortels, mais dont, lui, possède les moyens magiques, à travers sa langue, pour lesquels il sera envié et même considéré comme un rival à descendre, à combattre.[283] Voilà la destinée de tous les grands poètes, à travers les âges, et dont Djubrān joue les mélodies sur son violon, de manière si belle, si créative et si universelle, qui correspond à ce que Goethe, le grand poète, «le grand

---

281 ʿUbayd Ibn Sharya, *Akhbār ʿUbayd Ibn Sharya fī l-Yaman*... (publié ensemble avec *Kitāb al-Tīdjān* d'Ibn Hishām), Ḥaydarābād 1347/1928, nouv. éd. ʿAbd al-ʿAzīz al-Maqāliḥ, Ṣanʿāʾ 1979, 352, 12 sqq.

282 Le poète sera l'instrument idéal de cet «enchantement du monde», pour cette époque, et les suivantes aussi. Comme l'homme de l'oracle, il dispose, par son expression, de ce pouvoir, et dépasse celui-ci par la magie de l'expression qui perdure, une fois que l'oracle et son effet auront été dépassés. Cf. aussi Marcel Gauchet, Le désenchantement du monde, v. table des matières.

283 On a certes beaucoup écrit sur le sujet, mais il fallait reprendre le chemin vers les anciennes cultures sémitiques, où leur langue était considérée comme une «langue du ciel». Cf. R.G. Khoury (un article à paraître bientôt dans les Actes du Colloque de Strasbourg, «De l'oracle à la prophétie», juin 1995) sous le titre: Poésie et prophétie en Arabie: Convergences et luttes.

européen»[284] avait énoncé, concernant les poètes, dans ses entretiens avec Eckermann, samedi le 20 décembre 1829:

> «Das Außerordentliche, was solche Menschen leisten, sagte Goethe, 'setzt eine sehr zarte Organisation voraus, damit sie seltener Empfindungen fähig sind und die Stimme der Himmlischen vernehmen mögen».[285]

Les génies n'étaient-ils pas, surtout après Goethe, des tourmentés, pris dans la tempête du «mal du siècle»? Toujours est-il que cette vision prophétique de Goethe a été celle des grands poètes, tout au long du XIXe siècle, comme c'est le cas de Vigny, qui s'écrie, à la question à quoi sert le poète?»: le poète «lit dans les astres la route que nous montre le doigt du Seigneur».[286] Néanmoins, c'est Hugo qui est le plus abondant *expressis verbis*, dans l'incarnation de cet idéal, et de manière particulièrement frappante; dans «Fonction du poète» nous lisons:

> «Le poète en des jours impies
> vient préparer des jours meilleurs...
> Il voit quand les peuples végètent.
> Ses rêves, toujours pleins d'amour,
> sont faits des ombres que lui jettent

---

284 C'est bien le titre d'un livre fort intéressant d'André Suarès, Goethe le grand européen, qu'il commence, 1, 1 sqq., par: «Goethe est le plus grand des européens; il est aussi le premier, depuis Montaigne; et peut-être le seul avec Stendhal... Dans Goethe, au-dessus des dix hommes qui vivent en lui, le poète est le plus grand, et celui qui lie toute la gerbe». Toutes ces fonctions, tous ces états poétiques Goethe les a vécus, et en est sorti magnifique, profondément créateur, v. là-dessus p. ex. Frank Nager, Der heilkundige Dichter. Goethe und die Medizin, 7: «Sein Ringen mit der Krankheit hat ihn zu einem tief heilkundigen Dichter reifen lassen» (sa lutte contre la maladie l'a fait mûrir en un poète très expérimenté dans l' art de guérir).

285 J.P. Eckermann, Gespräche mit Goethe, 326 (en français: «L'extraordinaire dans ce que ces gens accomplissent, dit Goethe, 'suppose une constitution très tendre, afin qu'ils puissent être capables de sentiments rares et qu'ils puissent recevoir la voix des célestes») etc...

286 Citation de Chatterton, là-dessus, v. Lagarde/ Michard, V (XIXe siècle), 259, 260, 8, cf. aussi 137 sqq.: «Poésie, ô trésor».

les choses qui seront un jour...
Peuples! écoutez le poète!
Ecoutez le rêveur sacré!
Dans votre nuit, sans lui complète,
lui seul a le front éclairé.
Des temps futurs perçant les ombres,
lui seul distingue en leurs flancs sombres
Le germe qui n'est pas éclos.
Homme, il est doux comme une femme.
Dieu parle à voix basse à son âme
comme aux forêts et comme aux flots...
Il rayonne! il jette sa flamme
sur l'éternelle vérité...
Car la poésie est l'étoile
Qui mène à Dieu rois et pasteurs.»[287]

C'est pourquoi Paul Bénichou, pour le côté français, pouvait mettre ce côté prophétique en exergue, si éloquemment, déjà dans le titre de certains de ses livres: «Le temps des prophètes», où il atteste que «toutes les doctrines accordent alors une fonction spécialement haute au poète et à l'artiste; elles entendent ajouter à leur crédit l'auréole du beau: Poésie et Art sont le seul firmament du monde nouveau, l'unique couronne mystique de l'Esprit dans le siècle commençant»[288]. La poésie revêt alors, comme chez Djubrān, «la notion de sacerdoce esthétique». Elle est au sommet de tout.[289] Ou alors dans le titre d'un autre livre: «Le sacre de l'écrivain», où Bénichou apporte le témoignage d'un Ronsard parlant de «poètes divins», et où il met en évidence que le credo de l'homme de lettres était «en quête d'un sacerdoce laïque»[290], car le poète est «sacré».[291]

287 Lagarde/ Michard, ibid., 162.
288 Paul Bénichou, Le temps des prophètes, 11-12.
289 Ibid., 489, 490.
290 Paul Bénichou, Le sacre de l'écrivain, 14, 23 sqq.; 32.
291 Ibid., 49 sqq.

VI- Les appels de Djubrān à l'Orient. Ou la religion de la culture et l'amour de la patrie.

Le chapitre précédent représente une apothéose dans la conquête de l'Absolu par le poète Djubrān, et annonce très clairement que cette situation privilégiée ne reste pas théorique, mais elle tourne en enseignement pragmatique, en une série d'appels, dont en premier lieu une compassion vibrante pour son pays natal, pour tout l'Orient arabe, qu'il veut réveiller et auquel il veut insuffler de la force créatrice.[292] L'auteur nous a laissé d'autres textes, dans lesquels il témoigne de cette attitude et explicite le sentiment d'attachement à ses racines, de manière spéciale. Une communion étonnante par l'aspect fraternel qui la nourrit et qu'il veut faire partager, afin que ses lecteurs comprennent qu'il est un «frère», un vrai frère, que les distances ont rendu plus attentif aux souffrances de ses autres frères. Quelques exemples, en vue de montrer que la perspective culturelle est étroitement liée à l'aspect social, et que le poète demeure pour notre auteur un élément social de premier ordre dans la description et le développement, plutôt dans les réformes profondes, créatrices que la société doit apporter. Ces derniers textes sont tous pris à la collection d'al-Qawwāl, touchent plus le domaine politico-social et condencent son attitude de poète, frère du monde, avant tout bien sûr sur le plan religieux, où il met de côté tout ce qui pourrait séparer, en insistant sur les traits marquants de cette fraternité entre lui et ses interlocuteurs.

---

292 Cf. p. ex. encore une fois Vigny, qui place dans ses «Destinées» le poète debout, devant ses compatriotes, pour montrer le chemin à toute la France:
«Flots d'amis renaissants puissent mes Destinées
Vous amenez à moi, de dix en dix années
Attentifs à mon œuvre, et pour moi c'est assez» (Lagarde/Michard, ibid., XIXe, 152).

1- Un premier texte semble corroborer le dernier passage dans sa portée humanitaire, d'union familiale: *Yā akhī l-sūrī*[293] (ô mon frère syrien):

«O mon frère syrien,

Tu es mon frère, parce que tu es syrien et que le pays, qui t'a laissé prononcé un mot aux oreilles de l'éternité, m'a murmuré un autre mot (à l'oreille aussi).

Tu es mon frère, parce que le pays qui t'a porté dans son sein, et l'air qui a porté le premier cri sorti de ton intérieur, portent aussi le premier cri de convulsion de mes entrailles. Tu es mon frère parce que tu es mon miroir; et chaque fois que je regarde ton visage, je me vois moi-même, avec tout ce qu'il y a en moi-même comme énergie et faiblesse, comme harmonie et désordre, comme sommeil et comme réveil.

Tu es mon frère, parce que je n'ai jamais pensé à une affaire, sans avoir vu ses éléments s'agiter dans ta pensée, que je ne me suis jamais mis à poursuivre une chose, sans t'avoir vu te diriger vers elle et que je n'ai jamais abandonné une autre, sinon parce que tu t'en étais détourné.

Tu es mon frère par Jésus, par Moïse et par Muḥammad.

Tu es mon frère par les catastrophes de cinquante siècles.

Tu es mon frère par les chaînes que nos pères et nos aïeux ont traînées.

Tu es mon frère par le joug pesant qui a alourdi nos épaules.[294]

Tu es mon frère par la douleur et les larmes; et ceux que réunissent les catastrophes des temps et leurs souffrances ne seront pas désunis par les gloires des temps et leurs joies.

---

293 Djubrān, *Nuṣūṣ khāridj al-madjmūʿa*, 79-81.

294 Ibid., 79, 1 sqq.

Tu es mon frère devant les tombeaux de notre passé, et devant l'autel de notre avenir.

O mon frère syrien,

Hier, alors que le brouillard enveloppait ma conscience, je te faisais des reproches et je te traitais avec dureté.

Aujourd'hui, alors que le vent a dispersé ce brouillard-là, j'ai su que je n'ai blâmé que moi-même, et que je n'ai maltraité que ma propre personne. Ce que j'ai rejeté hier en toi, je le vois aujourd'hui en moi-même. Et ce que j'ai abhorré dans ton caractère, j'aime bien le voir collé à mon caractère. Et ce que j'ai essayé d'arracher à ton esprit, j'en découvre la racine cramponnée à mon esprit.

Tous les deux nous sommes égaux dans tout ce que la vie a amené à notre passé, et dans tout ce q'elle amènera à notre présent.

Tous les deux nous sommes égaux dans tout ce qui a ramené à notre malheur, et dans tout ce qui ramène à notre bonheur.

Tous les deux nous sommes égaux, et la différence entre nous ne réside que dans le fait que tu étais calme, tranquille, patient devant ton malheur, alors que moi je criais empressé, et je hurlais de désespoir dans ma calamité.

Maintenant que je t'ai connu et me suis connu moi-même, je suis devenu tel que si je vois en toi un défaut, je me regarde moi-même et j'y découvre ce (même) défaut.

O mon frère syrien,

Tu es crucifié, mais sur ma poitrine, et les clous, qui percent tes mains et tes pieds, transpercent le voile de mon cœur.[295]

Et demain, si quelqu'un venait à passer par ce Golgotha, il ne ferait pas de distinction entre les gouttes de ton sang et les

---

295 Ibid., 80, 1 sqq.

gouttes de mon sang; il continuerait son chemin disant: ici fut crucifié un seul homme».[296]

C'est clair que Djubrān est, à travers ce genre de textes, l'avocat acharné de l'humanité, sous toutes ses formes de souffrances, qu'il veut porter sur ses épaules, pour les alléger. En ce sens il est dans la meilleure des traditions chrétiennes, où, d'abord, il faut aller chercher les premières influences dans sa manière d'aborder le monde. Il est impensable d'imaginer une autre voie d'influences lointaines, qui ne passe par là, en premier lieu. C'est une religion de l'amour absolu, de l'humanité entière comme création du même Grand Esprit Absolu, qui tient le tout par la force de son amour, par ce cœur meurtri, percé de clous, et qui veut porter les souffrances du monde sur ses épaules. On voit où cette vision amène dans le christianisme!

2- Le dernier texte, que j'aimerais présenter sous cette rubrique, n'est pas sans intérêt pour le contexte de ces dernières lignes, car il nous met en face de la personnalité de Djubrān, d'abord imbue de tradition chrétienne, qu'il ne veut pas prendre en considération comme mouvement religieux en soi, mais comme une communion avec tous les pays arabes, qu'il veut rassembler tous, sous le drapeau de la culture arabe et islamique, sous toutes ses formes. Ecoutons avec quels mots pathétiques, et combien sensés, il témoigne de son attachement à tout cet ensemble d'idées. Ce texte est de la même collection que le précédent, et il porte le titre suivant: *Ilā l-muslimīna min shāʿirin masīḥiyyin* (aux musulmans de la part d'un poète chrétien)[297]:

«Je suis libanais, et j'en suis fier; et je ne suis pas ottoman, et j'en suis fier aussi. J'ai une patrie, dont je vante les beautés, et j'ai une nation dont je loue les actions, mais je n'ai aucun état, auquel je me réfère et chez lequel je cherche protection.

Je suis chrétien, et j'en suis fier; cependant je suis passionné du Prophète arabe, j'en glorifie le nom et j'aime la gloire de

---

296 Ce dernier passage est ibid., 81.
297 Ibid., 208-210.

l'Islam et je crains de la voir disparaître. Je suis oriental, et j'en suis fier; et aussi loin que les jours m'éloignent de mon pays, je resterai oriental dans mon caractère, syrien dans mes tendances, libanais dans mes sentiments. Je suis oriental, et l'Orient a une civilisation vieille, avec une majesté magique et une bonne odeur parfumée; et quoique je sois fasciné par le développement des occidentaux et de leurs connaissances, l'Orient reste la patrie de mes rêves, et le théâtre de mes désirs et de mes espoirs.

Dans ces pays étendus depuis le cœur de l'Inde jusqu'aux îles des arabes, allant depuis le Golfe Persique jusqu'aux Montagnes du Caucase, dans ces pays sont sortis les rois et les prophètes, les héros et les poètes; dans ces pays sacrés court mon âme vers l'est et vers l'ouest, et se presse vers le sud et vers le nord, répétant les chants de la gloire ancienne, fixant l'horizon, pour apercevoir les signes précurseurs de la gloire nouvelle.

Il y a certains parmi vous, ô gens, qui prononcent mon nom, accompagné de : 'il est un jeune homme ingrat qui hait l'Etat Ottoman et souhaite sa disparition'.[298]

Par Dieu, oui, ils ont dit la vérité; moi je hais l'Etat Ottoman, parce que j'aime les ottomans; je hais l'Etat Ottoman, parce que je brûle de zèle pour les nations endormies sous le drapeau ottoman.

Je hais l'Etat Ottoman, parce que j'aime l'Islam et la grandeur de l'Islam, et j'ai de l'espoir de voir revenir la gloire de l'Islam.

Moi je n'aime pas la maladie, mais j'aime le corps malade; j'abhorre la paralysie, mais j'aime les membres qui en sont atteints...

Je vénère le Coran, mais je déteste celui qui prend le Coran comme un moyen, pour faire échouer les efforts des musulmans; de même je méprise ceux qui prennent l'Evangile comme moyen pour régner, en disposant des têtes des chrétiens.

---

298 Ibid., 208, 1 -209, 1.

Qui d'entre vous, ô gens, ne hait pas les mains qui détruisent, par amour pour les bras qui construisent?

Quel être humain voit l'énergie endormie, et ne cherche pas à la réveiller? Quel jeune homme voit la grandeur reculer et ne craint pas de la voir se voiler?

Donc, qu'est-ce qui vous leurre, ô musulmans, dans l'Etat Ottoman, alors qu'il est la main qui a détruit les bâtiments de vos gloires, plutôt qu'il est la mort qui guette votre existence?

La civilisation islamique n'a-t-elle pas pris fin avec le début des conquêtes ottomanes?

Les émirs arabes ne se sont-ils pas mis à dégringoler avec l'apparition des sultans mongols?

Le drapeau vert ne s'est-il pas caché derrière un rideau de brouillard, à l'apparition du drapeau rouge, sur une colline de crânes?[299]

Prenez cela,[300] ô musulmans, comme un mot d'un chrétien qui fait habiter 'Jésus' dans une partie de son sein, et 'Muḥammad' dans l'autre!

Si l'Islam n'arrive pas à l'emporter sur l'Etat Ottoman, alors les nations occidentales vont l'emporter sur l'Islam...

Si personne parmi vous ne se lève, pour aider l'Islam à triompher sur son ennemi intérieur, alors ce siècle n'aura pas touché à sa fin, sans que l'Orient ne soit tombé dans les mains des gens aux visages infects et aux yeux bleux».

On voit par là où va l'ardeur de Djubrān, dans sa défense véhémente de la culture, et de la sauvegarde de l'identité des peuples arabes, qu'il prend tellement à cœur, qu'il ne voit, du côté ottoman, que les méfaits des dernières années terribles de leurs sultans sanginaires, sous la répression desquels les intellec-

299 Ibid., 209. Avec ce dernier mot de la phrase se termine cette page.
300 Concernant ces dernières lignes du texte, v. ibid., 210, 1 sqq.

tuels et la jeunesse ouverte à la culture occidentale, surtout aux idées de la Révolution Française, en premier lieu en provenance du Liban, ont souffert d'une manière très douloureuse. Les excès de haine contre cet Empire décadent ne se comprennent que par l'excès de persécution contre de tels éléments, dont les écrivains, dits de l'émigration, ont pris à cœur la défense, même la vengeance, pour ainsi dire, car ils étaient mêlés intimement à leurs sorts, appartenant, eux, leurs voisins ou leurs amis, souvent aux mêmes régions libanaises qu'eux.[301]

3- A ces textes patriotiques on peut ajouter d'autres qui vibrent des mêmes impulsions, en vue de défendre l'existence de ses compatriotes, leur indépendance et leur valeur politique.

---

301 Sur les problèmes de l'émigration, de ses causes etc. il y a eu beaucoup de publications les derniers temps, v. p. ex.: I. Zayn, *Hidjrat al-admigha l-ʿarabiyya*; Université Saint-Esprit, L'émigration. Problème libanais; de date plus récente: ʿA. Boudahrain, Nouvel ordre social international et migrations, et surtout: M. Ḍāhir, *al-Hidjra l-lubnāniyya ilā Miṣr.* Il n'est pas besoin d'attirer l'attention sur le phénomène de l'émigration, en particulier celle des libanais intellectuels, hommes d'affaires ou autres, dès le XIXe siècle, qui s'est effectuée vers plusieurs pays orientaux, africains, européens (en particulier la France) et spécialement américains (Argentine, Brésil etc.). Les causes d'un tel mouvement ont été analysées avec plus ou moins de succès au cours des dernières années. L'Egypte a été, en Orient, un pays préféré, et il manquait une monographie exhaustive dans ce domaine, qui étudie les différents aspects des problèmes posés ou qu'on peut poser. De là l'intérêt particulier du livre en question de M. Ḍāhir, qui est étonnant par sa manière entièrement nouvelle d'aborder ce phénomène important: il aide à saisir l'émigration des libanais dans ses dimensions réelles, et en cela il contribue à mieux cerner l'ampleur de leur apport dans le mouvement de l'histoire et de la culture de l'Orient arabe moderne en général. L'auteur y étudie minutieusement les données initiales du problème, les examine, pour la première fois, à la lumière de sources multiples non exploitées, ou à peine exploitées, jusqu'à aujourd'hui: les registres des naissances, des mariages, des décès des différentes confessions installées en Egypte (documents d'al-Azhar, des chambres et sociétés de commerce, du consulat libanais et d'autres institutions ou organisations libanaises, toutes sortes d'annonces etc.). Bref, des données éloquentes qui peuvent enfin fournir des informations solides sur le nombre, la qualité, la diversité, les lieux exacts et les activités de la colonie libanaise. Ce qui peut servir de modèle à des travaux similaires concernant d'autres pays (américains surtout).

L'un d'eux est intitulé *Ilā l-sūriyyīn* (aux syriens),[302] dans lequel il constate l'état désastreux dans lequel la Syrie se trouvait, et qui était un état de moribond, auquel les propres fils du pays ne pouvaient apporter aucun remède. Son appel est plus que désolant, car l'auteur leur demande de s'éloigner de ce pays, puisqu'ils sont incapables de guérir, et que leurs remèdes ne sont que dérisoires. De là les phrases suivantes, pleines d'amertume, qu'il leur lance au visage:

«Laissez-la (c'est-à-dire: la Syrie) mourir, car son agonie s'est allongée, devant la face de l'éternité. Laissez-la périr, alors que le rayon du martyre brille encore dans ses yeux, parce que cela est meilleur pour elle, que de vivre avec l'amertume des douleurs sur ses lèvres. Laissez-la trépasser, malheureuse, car vous êtes incapables de lui apporter bonheur. Eloignez-vous de son lit, car sa maladie se moque de vos médicaments, son désespoir méprise vos larmes et le râlement de sa poitrine raille vos soupirs.

Dispercez-vous d'elle et soyez en sécurité avec vos âmes, car la terre a ouvert sa poitrine pour la faire disparaître, le gros serpent de l'enfer a ouvert sa gueule pour la dévorer, et les fantômes de l'abîme infernal se sont précipités sur elle, afin de la faire périr...

Les ennemis ont anéanti ses enfants, les guerres ont détruit ses tours et ses temples, les brigands ont réduit au néant ses champs et ses vignobles et il ne lui reste qu'un lit de terre et un coussin de paille.

Les conquérants ont volé secrètement ses trésors, les soldats se sont distribué ses colliers et ses bracelets, les racailles ont volé ses vêtements et ses ceintures et il ne lui reste sur le corps qu'une couronne d'épines et un collier de larmes.[303]

Laissez-la s'écraser, car vous ne pouvez pas l'arracher d'entre les pieds et les sabots, puisque la peur a fait mourir vos âmes,

---

302 Djubrān, *Nuṣūṣ khāridj al-madjmūʿa,* 27-28.
303 Ibid., 27, 1 -28, 2.

l'hésitation a affaibli vos bras et la lâcheté a brisé vos sabres et vos lances.

Séparez-vous d'elle en silence, car le hurlement ne ressuscite pas les morts et ne fait pas revenir les esprits. Tenez-vous loin silencieux, car les cavernes ne stoppent pas le flux et le reflux de la mer.

Laissez-la finir sa vie, car elle est, devant le trône de la mort, plus digne que vous, sous les pieds de l'esclavage.

Mais toi, ô cœur grand, lumineux et rempli des chants de la vie et de la liberté, marche, toi, seul, solitaire vers le sommet de la montagne, et les spectres, que tu vois sur les deux bords de la route, ne sont que des rochers inertes et des os usés».[304]

Voilà des mots vibrant de douleur, devant les ruines qui s'amoncellent et les destructions causées par la tyrannie des «conquérants», et augmentées par le manque de courage et d'élan vital de ses propres compatriotes. Des lamentations d'un prophète qui pleure sur les ruines de son pays et tout ce qui provoque l'effondrement et la disparution de son peuple.

4- Avant d'amener un témoignage particulièrement enflammé et éloquent, en faveur de l'amour de l'auteur pour sa patrie et les enfants de sa patrie, j'aimerais le faire précéder de deux ou trois textes qui vont dans le même sens que ce qui a précédé, et font de lui un vrai patriote, mû aussi par des idées de développement politique et social très pragmatiques, qui montrent une toute autre vue positive des choses, mais cette fois concernant les émigrés syriens installés en Amérique:

Un premier morceau est intitulé *Ibqau fī Amīrikā*[305] (restez en Amérique), dans lequel il entame un véritable dialogue avec ses compatriotes installés là, au sujet de leur patrie:

---

304 Ibid., 28, 3 sqq.

305 Djubrān, *Nuṣūṣ khāridj al-madjmū'a*, 77-78.

«Qu'est-ce qu tu préfères? Rester en Amérique, pays d'indépendance, qui paie les bons salaires, et où tu jouis de vacances, de bonheur, de nourriture et de liberté, ou retourner à ton pays, pays de la destruction, où les usines ne fonctionnent pas, les dettes sont énormes, les salaires en petit nombre, la nourriture manque et les impôts nombreux? Pour le bien de l'humanité donc, restez en Amérique.

Attention – chaque homme ou chaque femme qui pense à la rentrée dans la patrie – patientez-vous et réfléchissez sur ce que vous faites. Car l'humanité décide que vous restiez là où vous êtes maintenant en Amérique, pour que vous accomplissiez les travaux dont vous êtes capables, et pour aider votre ancienne patrie elle-même à acquérir les choses nécessaires, dans lesquelles elle ne peut se passer de l'Amérique.

Ne savez-vous pas que vos patries vous lancent des cris – à vous – pour les aider à rassasier leur faim et couvrir leur nudité. C'est que l'Amérique est le seul pays qui n'a pas été épuisé par la guerre, et qui a de sa richesse et de sa puissance de quoi lui permettre d'aider vos pays et de les protéger contre l'augmentation de la ruine.

C'est ainsi qu'il est du devoir humain de l'Amérique de se donner de la peine, pour venir en aide à l'Europe et aux pays sinistrés en général. Et puisque vous faites partie de la force de l'Amérique, dont dépend la vie de vos patries, c'est un devoir sacré pour vous de rester en Amérique et de l'aider à sauver vos patries d'origine.[306]

Qu'est-ce qui peut donc vous pousser à revenir à la terre qui vous a fait naître, qui a été détruite par la guerre et sur laquelle s'est répandue la famine? Là, vous ne pouvez secourir ni vos patries ni vos amis; vous augmenterez plutôt leurs catastrophes, que vous ne pouvez supporter, même en ce temps-là, en quittant des pays prospères, riches, dans lesquels tout est abondant, et en allant vers des pays ruinés, pauvres, frappés d'épidémies et dans

306 Ibid., 77, 1 -78, 2.

lesquels il n'y a aucun mouvement industriel et aucun travail, pour doubler leurs malheurs.

Ne vous laissez pas leurrer par ce qu'on dit concernant l'abondance d'emploi en Europe, car la raison vous montre que cela est impossible, sans que ne s'écoulent plusieurs années sur l'Europe. Et vous, vous avez bien quitté votre patrie, parce que vous n'aviez pas, en 'des temps de paix', trouvé la bonne situation que vous désiriez. Comment pouvez-vous alors trouver cela à l'intérieur d'elle, maintenant, après tout ce qui s'est abattu sur elle comme dévastation.

Que ce soit par amour pour votre intérêt propre, ou par amour pour l'intérêt général, il faut que vous restiez en Amérique et que vous y fructifiez vos biens; il faut que vous y construisiez pour vous-mêmes des maisons solides, que vous éleviez vos enfants selon les principes du patriotisme américain et que vous fassiez là les choses, que vous pouvez envoyer à vos patries, pour effacer la misère qui s'est emparée d'elles et les aider à renouveler leur construction».[307]

Une perspective qui a d'ailleurs porté grandement ses fruits, puisque les pays arabes, qui ont des émigrés actifs dans ce sens, avant tout comme le Liban, ont pu bénéficier d'une aide financière plus ou moins importante, au fil des années; un phénomène qui n'a eu des répercussions, mais nettement plus faibles, au sein de ce monde arabe, qu'avec surtout le développement de l'industrie pétrolière, comme le prouvent les travaux de plus en plus croissant sur l'émigration vers l'Occident surtout.[308]

5- Le second morceau est aussi un petit texte, qu'il intitule *Ilā l-shabāb al-amīrikī al-mutaḥaddir min aṣl sūrī*[309] (à la jeunesse américaine de souche syrienne). Là l'optimiste djubrānien

---

307 Ibid., 78, 3 sqq.
308 Sur l'émigration et ses problèmes, pour les pays arabes, en général, v. plus haut note 301, de plus: Anis Moussallem, La presse libanaise, 29 sqq.; Nabīl Ḥarfūsh, *al-Ḥuḍūr al-lubnānī fī l-ʿālam*, I. Zayn; Université Saint-Esprit; M. Ḍāhir, etc...
309 Djubrān, *Nuṣūṣ khāridj al-madjmūʿa*, 86-87.

se fait autrement sentir, parce qu'il voit une perspective de changement, une force plus créatrice correspondant à sa vision des possibilités de mutation sociale, grâce à ce potentiel humain plus éveillé, plus actif, comme on le verra plus clairement dans le texte qui suit:

«Moi je crois en vous et je crois en votre développement.[310]

Je crois que vous participez à cette nouvelle civilisation.

Je crois que vous avez hérité de vos parents un rêve ancien, une chanson et une prophétie, que vous pouvez décrire avec fierté, comme un cadeau de gratitude, au sein de l'Amérique.

Je crois que vous êtes capables de dire aux fondateurs de cette grande nation: 'me voilà comme jeune homme, comme arbre jeune qui a arraché ses racines des collines du Liban, mais j'ai des racines profondes ici et je porterai des fruits'.

Je crois que vous êtes capables de dire au béni Abraham Lincoln: 'Jésus le nazaréen a touché tes lèvres, lorsque tu as parlé, et il a pris ta main, quand tu as écrit'.

Je crois que vous êtes capables de dire à Emerson,[311] à Whitman[312] et à James:[313] 'dans mes veines circulent le sang des poètes et des hommes sages, et je désire venir chez vous, pour prendre de vous, mais je ne viendrai pas les mains vides'.

Je crois que lorsque vos parents sont venus vers cette terre chercher la richesse, vous êtes nés[314] ici pour acquérir richesse, intelligence et activité.

Je crois que vous êtes en mesure d'être de bons patriotes.

Et comment se présente le bon patriote?

---

310 Ibid., 86, 1 sqq.
311 Il s'agit de R.W. Emerson (1803-1882), philosophe et poète américain.
312 W. Whitman (1819-1892), poète américain.
313 Vraisemblablement Henry James (1843-1916), écrivain américain (plus que George Payne James [1799-1860], écrivain anglais).
314 Djubrān, *Nuṣūṣ khāridj al-madjmū'a*, 87, 1 sqq.

En reconnaissant les droits des autres, avant d'imposer vos droits, mais en étant conscient toujours de vos droits.

En étant libres de pensée et d'action, et en sachant que votre liberté est liée aux droits des autres.

En créant ce qui est beau et utile avec vos propres mains, et en estimant ce que les autres ont inventé avec amour et conviction.

En acquérant la richesse par le travail, par le travail seul, et en dépensant moins que ce que vous acquérez, afin que vos petits enfants ne soient pas acculés à l'aide de l'état, lorsque vous mourrez.

En vous tenant devant les tours de New York, de Washington, de Chicago et de San Francisco, disant dans vos cœurs: 'nous sommes de la dynastie du peuple qui a bâti Damas, Byblos (=Djubayl), Tyr (=Ṣūr), Sidon (Ṣaydā) et Antioche (=Anṭākiyā), et nous sommes maintenant ici, afin de bâtir avec vous, et ceci avec énergie'.

En étant fiers d'être des américains, mais en étant fiers aussi que vos pères et mères sont venus d'une terre, sur laquelle Dieu a posé sa main miséricordieuse et dans laquelle il a élevé ses apôtres.

O jeunes américains de souche syrienne, je crois en vous».

Une prière, un acte de foi; avec des accents pathétiques, et pourtant si réfléchis, il faut toujours y insister, d'une actualité encore plus saisissante, aussi sur le plan de la vie économique, tout à fait dans le sens des grands économistes modernes en Allemagne, en France et ailleurs.[315] Un programme à méditer

---

315 Entre-temps on sait très bien quelle importance capitale les émigrés d'origine libanaise (qui sont en millions à travers le monde, surtout sud-américain) représentent pour l'économie du pays. Aujourd'hui, beaucoup plus qu'auparavant, ils forment un facteur économique spécialement important, vu l'écroulement vertigineux de la livre libanaise, et que plus d'un demi million ont quitté le Liban, à cause de la dernière guerre civile dans le pays.

sérieusement, aujourd'hui, face aux problèmes des immigrés à travers le monde, surtout occidental.

6- Encore plus saisissant est un texte, d'un ton plus impressionnant, parce que plein de souci pour l'humanité, pour son développement, et basé sur ce qu'il y a de plus performant dans les doctrines et traditions religieuses sémitiques: le travail, et le développement des dons que Dieu donne à chacun, «la fructification du propre jardin»: *Uḥibbu mina l-nāsi al-āmila*[316] (j'aime parmi les gens celui qui est actif):

«J'aime parmi les gens celui qui est actif.[317]

J'aime celui qui travaille avec son esprit, et qui crée de la terre et du brouillard de son imagination des images vivantes, belles, nouvelles et utiles.

J'aime celui-là qui trouve dans un jardin, qu'il a hérité de son père, un seul pommier, et plante à côté de lui un autre arbre. Et celui qui achète une vigne qui porte un quintal de raisins, se penche sur elle et l'entoure de soin,[318] pour qu'elle donne deux quintals.

J'aime l'homme qui prend les morceaux de bois secs et négligés, pour en faire un lit aux petits enfants ou une guitare remplie de mélodies. Et j'aime l'homme qui fait sortir, à partir des rochers, des statues, des maisons et des temples.

J'aime parmi les gens celui qui est actif.

J'aime celui-là qui transforme la glaise en vases de vin ou d'huile ou de parfum. Et j'aime celui qui tisse du coton une

---

316 Ibid., 102-104.

317 Ibid., 102, 1 sqq.

318 Dans le texte, 102, 6, nous avons pour ce dernier verbe *wa-yudhalliluhā*, alors qu'une note signale *wa-yudallilu adīmahā*, selon un autre ensemble de textes de Djubrān, publiés sous le titre *al-Durar al-mukhtāra*, *al-Maṭba'a l-Rashīdiyya*, Kfarshīmā, Liban (sur le titre, v. ibid., 265, sans mention de date), ce qui serait meilleur.

chemise, de la laine une robe de dessus et de la soie un (habit) en pourpre.

J'aime le forgeron qui ne laisse son marteau tomber sur son enclume que s'il laisse tomber avec lui une goutte de son sang.

Et j'aime le tailleur[319] qui coud les habits avec des fils entrelacés de fils de la lumière de ses yeux. Et j'aime le menuisier qui n'enfonce un clou sans enterrer avec lui quelque chose de sa fermeté.

J'aime tous ceux-ci. J'aime leurs doigts trempés dans les éléments de la terre. J'aime leurs visages, avec ce qu'ils ont comme signes de patience et d'endurance. J'aime leur vie rayonnante des joyaux de leur zèle.

Et dans mon cœur il y a de l'amour pour le berger qui conduit son troupeau chaque matin vers les prairies vertes, le laisse boire des sources limpides, lui parle avec sa flûte tout le long de la journée, et, quand le soir tombe, le ramène au bercail, où se trouve le repos et la paix.

J'aime parmi les hommes celui qui est actif, parce qu'il guide en chantant nos jours et nos nuits, et je l'aime parce qu'il nous donne à manger et s'en prive lui-même. Je l'aime parce qu'il file et tisse, afin que nous puissions porter les nouveaux habits, alors que sa femme et ses enfants restent dans leurs vieux habits. Je l'aime parce qu'il construit les maisons hautes et habite les huttes misérables. J'aime son sourire doux et j'aime le regard d'indépendance et de liberté dans ses yeux.

J'aime celui qui est actif, parce qu'à cause de son caractère paisible il se considère comme un serviteur, alors que lui, lui, est le seigneur, seigneur. Et je l'aime parce qu'à cause de sa modestie il se prend pour un rameau, alors qu'il est la racine. Et je l'aime parce qu'il est timide, de telle sorte que, si vous lui donnez son salaire, il vous remercie avant que vous ne le remerciez, et que, si vous le louez, vous voyez les larmes sur ses yeux.

---

319 Ibid., 103, 1 sqq.

J'aime parmi les gens celui qui est actif. J'aime celui qui courbe son dos, afin que nos dos deviennent droits, et plie son cou, afin que nos visages se haussent vers les hauteurs. J'aime parmi les gens celui qui est actif.

Que pourrais-je alors dire de celui qui hait le travail, à cause d'une apathie dans son corps et dans son âme, de celui qui refuse le travail, parce qu'il n'a pas besoin de gain (quelconque), et de celui qui méprise le travail, supposant qu'il est plus noble que de souiller ses mains dans les sécrétions de la terre?

Que pourrais-je dire au sujet de ceux qui sont assis à la table de l'univers, et ne mettent sur elle pas un (seul) pain du pain de leur lutte, ni un (seul) verre de la solution de leur assiduité?

Que pourrais-je dire[320] au sujet de ceux qui moissonnent là où ils n'ont pas semé?

Je ne puis dire de ceux-ci ni plus ni moins que ce je dis à propos des plantes et des insectes parasites, qui reçoivent leur vie du jus de la plante active et du sang de l'animal appliqué. Non, je ne puis dire de ceux-ci ni plus ni moins que ce je dis d'un voleur qui dérobe les parures de la fiancée la nuit de ses noces».

7.1- Ces appels incessants au travail, à la productivité, il les répète, presque comme un testament, étant saisi d'angoisse devant le désastre; et combien il ressemble à Jérémie et réveille un esprit biblique intense. Cet esprit se manifeste d'une manière toute claire à ce sujet, dans plusieurs textes, comme par exemple dans un texte d'allure tout à fait biblique, où l'énergie et la créativité sont au centre du discours, et qui porte le titre de *Ḥaffār al-qubūr wa-l-mubakhkhirūn* (le fossoyeur et les encenseurs),[321] dont j'aimerais amener quelques passages ou débuts de passages:

La première page débute par une mise en scène saisissante, dans laquelle il veut pousser les syriens à la fierté pour des ac-

---

320 Ibid., 104, 1 sqq.

321 Djubrān, *Nuṣūṣ khāridj al-madjmū'a*, 53-59.

tions accomplies, comme dans un hymne biblique poussant à la joie d'avoir servi le Seigneur, mais qui ne reste qu'un moment là, puisque la réalité renverse l'allégresse en tristesse et les louanges en reproches acerbes. Dualisme, opposition si chers à la pensée djubrānienne:

«Venez, ô syriens,[322] que nous érigions pour nous-mêmes une statue d'ivoire et d'or, car les gloires de nos âmes se sont multiplées devant la face du soleil.

Laissons-nous nous prosterner devant nos âmes, car les actions de nos âmes sont montées (tellement) vers les hauteurs, qu'elles sont arrivées aux trônes des dieux .

Laissons-nous glorifier les actions de nos mains, car les actions de nos mains ont illuminé la conscience de l'existence, changé la face de la terre et mené les nations et les peuples de l'ignorance à la connaissance et de la misère au bien-être.

Frappez du tambour, ô jeunes, sifflez de votre trompette, ô hommes mûrs, et vous, ô vieux, haussez vos têtes, car le temps est un temps de jubilation et de glorification, et le lieu est un lieu de louange et de vénération. Rassemblez-vous autour de moi, ô enfants du Liban, afin que nous chantions les chants de la victoire et du triomphe, car le Très Haut a déversé ses lumières sur son propre peuple.

Quant à toi, ô fille de Jérusalem, que tes chansons soient comme le réveil du printemps, et le balancement de ta taille comme l'agitation des plantes devant la brise de l'aube...»

Hélas, trois fois hélas, fallait-il dire, car il n'y a pas de cause pour tant d'allégresse, puisqu'il nous rejette tout de suite vers une réalité très amère, qui cite presque devant le tribunal de la conscience universelle les compatriotes qu'il apostrophe, dès le début de son texte:

---

322 Ibid., 53, 1 sqq.

«Oh que le syrien[323] est sublime et qu'il est beau, quand il se met à se vanter de ses actions et de ses explois. Oh que le syrien est tendre et qu'il est doux, lorsque le souvenir l'amène vers l'histoire de ses aïeux les phéniciens, les chaldéens, les grecs et les arabes... Oh quelle douleur, oh quelle douleur, oh quelle douleur. Si j'avais eu une longue haleine, bien longue, j'aurais rempli le monde de mille et une fois (oh quelle douleur).

Racontez-moi donc, ô compagnons, qu'a fait le peuple syrien durant les derniers mille ans? Et ne me mentionnez surtout pas les individus peu nombreux, qui ont quitté la Syrie, et qui ont réussi dans l'une des entreprises sur la terre de leur émigration, car moi j'ai retenu leurs noms dans mon cœur et enregistré leurs actions dans le cahier de mon âme, ainsi je n'ai besoin de personne, pour répéter leur souvenir à mes oreilles. Mais racontez-moi ce que les syriens ont accompli comme peuple dans les derniers mille ans?

Les syriens ont-ils entrepris un mouvement social digne d'être mentionné, quand on mentionne les mouvements sociaux (du monde)? Ont-ils établi une science qui leur est utile, ou un art qui les éclaire ou une industrie qui les enrichit?

Ont-ils mené une seule fois une révolution contre leurs gouvernants et leurs oppresseurs, qui suçaient et sucent encore leur sang, faisaient et font couler leurs larmes en flots?

Est-ce qu'il est apparu parmi eux un seul homme à la volonté de fer et de tendances nobles, pour les conduire vers la gloire de la liberté ou vers l'honneur du martyre?

Les syriens ont-ils construit une école de leur propre argent? Et dans quel état seraient aujourd'hui nos jeunes, sans les institutions (éducatives) fondées par les américains, les français, les russes, les italiens et les allemands?

---

323 Ibid., 53, 1 d'en bas -54, 1 sqq.

Avez-vous oublié l'eau des puits,[324] que les habitants de Beyrouth buvaient, avant que les anglais leur aient amené l'eau d'al-Ḍabya?

Avez-vous oublié ces routes qui reliaient Beyrouth avec Damas, avant que les français aient construit la voie ferrée?

Avez-vous oublié les ports de vos pays, il y a vingt ans, avant que les européens ne vous aient considéré comme proie commerciale?

Avez-vous oublié que la citadelle de Baalbek était une étable pour les bêtes, avant que les allemands n'y soient venus?

Avez-vous oublié que les dépenses pour le mur, que Rustum Bāshā[325] a construit autour de la forêt des cèdres, ont été prises en charge par la reine Victoria?

Oui, ô amis – la forêt des cèdres, que les libanais prennent comme leur symbole et comme signe de leur immortalité, était sur le point de disparaître, comme d'autres forêts au Liban, sans la bienveillance du Royaume Anglais.

Vous pourriez dire qu'il s'agit là de choses futiles dont on ne tient pas compte – et vous pouvez avoir raison – alors laissons-nous parler de choses grandes».

Suit une série de questions[326] touchant des exploits politiques que d'autres peuples ont accomplis, à l'occasion desquels il demande aux syriens s'ils peuvent se vanter de semblables. Puis il continue de la manière suivante:

«Vous vantez-vous du réveil,[327] à part des traductions stupides de livres occidentaux, et quelques divans de poésie stériles et vieillots, qui ne dépassent pas par leurs significations et leurs

---

324 Ibid., 55, 1 sqq.
325 Sur ce grand vizir, en turc Rüstem Pasha (1500-1561), v. EI^2, VIII, 659-60/640-41.
326 Ibid., 55, 15 sqq.
327 Ibid., 56, 2 sqq.

structures les limites de la félicitation, de la louange et de l'élégie?

Vous en orgueillez-vous de votre patriotisme, alors que chaque fois que quelqu'un de vous reçoit une décoration des turcs, il tourne en turc mongol?

Vous vantez-vous de votre sympathie pour l'industrie nationale, alors que le menuisier de Damas meurt de faim et que le tisserand de Zūq a quitté sa patrie, pendant que l'aisé parmi vous porte des habits français, mange dans une vaisselle anglaise, dort sur un lit italien et s'assoit sur des sièges autrichiens?

Vous en orgueillez-vous du bon air du Liban et de la douceur de son eau? L'air n'est pas un souffle de vos souffles, et l'eau n'a pas été mêlée par les dieux au miel de votre salive – et si vous pouviez, vous polueriez l'air et vous empoisonneriez l'eau. Vous vantez-vous des vestiges de vos aïeux, alors que les vestiges de vos aïeux sont couverts de cendre et que ce qui en apparaît d'eux part vers les musées d'Europe et d'Amérique; et si quelqu'un d'entre nous désire en scruter les significations et les monuments, il doit visiter Paris, Londres, Berlin, Petrograd (=Saint Petersbourg), Vienne, Rome et New York.

Vous vantez-vous de ce que les grands européens ont dit de vous...

C'est du domaine des choses simples[328] pour l'écrivain que de tremper sa plume dans un mélange de beurre et de miel, pour écrire sur ses gens et son pays; et il appartient aux choses agréables d'enfiler là des perles et de se dresser, parlant des vertus de son peuple et des beautés de sa patrie. Et moi – moi qui suis le bouc émissaire – j'ai fait cela en plus d'une langue, et devant des gens en provenance de plusieurs peuples.

Mais il est du domaine des choses difficiles pour l'écrivain que de tremper sa plume dans le sang de son cœur, pour écrire sur les enfants de sa mère.

---

328 Ibid., 58, 3 sqq.

Il appartient aux affaires difficiles pour l'homme de mettre ses sentiments et ses tendances de côté, avant de se mettre à parler du peuple qui a fait naître les sentiments dans son cœur, et donner naissance aux tendances dans son âme.

Parmi vous, ô syriens, il y en a qui savent que le seul mot de 'Syrie' est suffisant, pour faire tourner mes sourires en larmes, et les mélodies de ma joie en désir et en nostalgie.

Parmi vous il y en a qui savent que je préfère les épines qui poussent dans les plaines de mon pays aux roses et aux lis, qui poussent dans les jardins de Paris, de Londres et de New York, et que les cavernes des vallées libanaises me sont préférables aux châteaux érigés sur les deux côtés des Champs Elysées et de l'Avenue (George) V. Moi – moi le bouc émissaire – je tremble comme les feuilles d'automne, si je vois des visages syriens beaux dans leur tristesse, ou si j'entends des chansons libanaises remplies de plainte d'âme et d'éveil du désir...

Parmi vous il y en a qui savent que le plus profond sentiment dans mon être spirituel est incarné dans le mot «ma patrie a raison et a tort». Mais j'ai trouvé que les sentiments que fait naître le nationalisme ont aveuglé la vue de nos hommes de lettres et de nos penseurs, au milieu de nous, et ont formé des obstacles dans la voie de notre développement et de notre amélioration».

7.2- Un autre texte est *Khalīl al-kāfir* (Khalil l'incroyant) de son livre *al-Arwāḥ al-mutamarrida*:[329] il amène une tirade toute remplie d'indignation devant le gaspillage de dons divins à l'homme, et la mainmise de certains sur les biens que Dieu a mis à la disposition de tout un peuple; le plaidoyer de Khalīl, accusé d'être incrédule (de là le titre du chapitre), contre ses juges, est long de quelques pages, que l'auteur, qui est derrière le personnage, commence par une mise en scène spectaculaire:

---

329 *Al-Mu'allafāt al-kāmila*, I, *Al-Arwāḥ al-mutamarrida*, 154-196.

«Je suis cet incrédule[330] qui a été chassé du couvent et que la tempête a amené vers votre village. Je suis ce mauvais, écoutez mon argumentation et n'ayez pas pitié mais soyez équitables, car la pitié est permise concernant les criminels faibles, alors que l'équité est tout ce que demandent les innocents.

Je vous ai choisis comme juges, car la volonté du peuple est bien la volonté de Dieu; réveillez donc vos cœurs, écoutez-moi bien et jugez-moi selon ce que vos consciences vous inspirent. On vous a dit que je suis un homme mauvais et incrédule, mais vous n'avez pas su ce qu'était mon crime. Vous m'avez vu les mains liées, comme le brigand meurtrier, mais vous n'avez pas encore écouté de mes péchés, car la réalité des crimes et des péchés reste, dans ces pays, cachée derrière le brouillard, alors que la punition apparaît aux gens comme apparaissent les coups de foudre dans l'obscurité de la nuit».

On voit dans ces lignes, et dans celles qui suivent, à nouveau, combien l'auteur est imbu des idées de la Révolution Française et de ses auteurs, qu'il prend comme rempart de sa défense, justement pour mieux assumer celle des autres misérables dans la société:

«Mon crime, ô hommes,[331] est de comprendre votre misère et de sentir la pesanteur de vos chaînes. Et mes péchés, ô femmes, c'est ma compassion pour vous et pour vos petits enfants, qui sucent la vie de vos poitrines, mêlée de halètements de la mort».

Le ton du sermon messianique prend au cours du texte de plus en plus d'ampleur, usant sans aucune gêne du nom de Jésus, en paraphrasant certaines de ses paroles, pour faire passer le message spirituel, mais avec quelle force rhétorique, et avec quels mots éthérés:

«Dieu a envoyé vos âmes,[332] dans cette vie, comme des flambeaux éclairants, qui grandissent par la connaissance et augmen-

---

330 Ibid., 179, 15 sqq.
331 Ibid., 180, 1-3.
332 Ibid., 186, 7-19.

tent en beauté, en découvrant les secrets des jours et des nuits; comment alors laissez-vous passer sur elles de la cendre, de telle manière qu'elles disparaissent et s'éteignent? Dieu a donné à vos âmes des ailes, afin qu'elles volent par leur intermédiaire, planant dans l'air de l'amour et de la liberté; pourquoi alors les coupez-vous avec vos mains et rampez-vous comme les insectes sur la face de la terre? Dieu a mis dans vos cœurs les semences du bonheur, comment alors les arrachez-vous et les jetez-vous sur les rochers, afin que les corbeaux les picorent et que les vents les dispercent? Dieu vous a donné les fils et les filles, afin que vous les formiez sur les voies de la vérité, que vous remplissiez leurs cœurs des chants de l'univers et que vous leur laissiez le bonheur de la vie en héritage précieux; comment alors vous endormez-vous et les laissez-vous derrière vous, morts entre les mains du temps, étrangers sur la terre qui les a fait naître, misérables devant la face du soleil? Le père, qui laisse son fils libre comme esclave, n'est-il pas comme le père auquel son fils demande du pain et il lui donne une pierre? N'avez-vous pas vu les oiseaux apprendre à leurs petits à voler, comment alors apprenez-vous à vos petits à traîner les liens et les chaînes? N'avez-vous pas vu les fleurs des champs confier leurs semences à la chaleur du soleil, comment alors remettez-vous vos petits enfants entre les mains de l'obscurité froide?»

Le héros de l'auteur ne décrit plus un état normal, mais véritablement de dimension prophétique, et les mots lui manquent carrément, pour expliquer tout ce qu'il ressent. Aḥmad Shauqī avait décrit, dans un vers admirable de son fameux poème *Yā djārata l-wādī,*[333] une panne totale de langage, devant l'effusion de sentimalité amoureuse:

wa-taʿaṭṭalat lughatu l-kalāmi wa-khāṭabat

ʿaynayya fī lughati l-hawā ʿaynāki[334]

333 Aḥmad Shauqī, *al-Shauqiyyāt,* II, 178-181.
334 Ibid., 178, 12.

Cette merveilleuse image de la perturbation totale de la langue, qui cède le pas à une langue plus immaculée et humaine, sur la scène de l'amour, se retrouve aussi concernant Khalīl et son modèle, car «Khalīl se tait un moment, comme si ses pensées et ses sentiments avaient tellement grandi et tellement gagné du terrain en largeur, qu'ils n'avaient plus (pu) prendre les vocables comme habit».[335]

8.1- Tout cela Djubrān le dit, le fait, parce qu'il aime, il aime profondément son pays. Il aime d'un amour immense, presqu'incomparable, sur la scène de l'humanité orientale, comme nous le dévoile un autre texte portant le titre de *Uḥibbu bilādī*[336] (j'aime ma patrie), où l'influence de Baudelaire, directe ou indirecte, peu importe, est plus que voyante, aussi dans la répétition du chiffre mille, si cher à Djubrān et à l'Orient; dans un morceau énivrant par son rayonnement, ses oppositions d'images saissantes (*Mā akrama l-ḥayāta*)[337] (combien la vie est généreuse), le mot mille constitue le leitmotiv, qu'il répète douze fois sur deux pages; ce texte est aussi enivrant par ses phrases plastiques, qui commencent avec *layta lī alfu*... (ah si j'avais mille mains/yeux/oreilles/corps...): une véritable soif de vivre et de développer. Les deux chapitres sont un très bel hymne romantique, religieux, particulièrement cordial, passionné et pourtant si réfléchi - qu'on ne dise pas qu'il n'a rien de commun avec Pascal et sa «logique enflammée»; avec qui d'ailleurs il n'a pas un lien quelconque? Le premier, sur sa patrie, se présente ainsi:

«J'aime mon pays,[338] et l'amour a mille yeux pour voir, et mille oreilles pour écouter.

J'aime mon pays malade, et j'aime les fils de mon pays frappés de maladies; et sans une maladie dans le corps de mon pays et une misère douloureuse dans les esprits de ses enfants, je ne

335 *Al-Mu'allāfāt al-kāmila*, I, *al-Arwāḥ al-mutamarrida*, 6 d'en bas sq.
336 Djubrān, *Nuṣūṣ khāridj al-madjmū'a*, 46-47.
337 Ibid., 35-39.
338 Ibid., 46, 1 sqq.

serai pas resté fidèle à la promesse, et n'aurai pas passé les nuits entre la réminiscence et le désir ardent d'en enflammer (les gens).

J'aime mon pays, en étant clairvoyant; et l'amour, s'il perd sa clairvoyance, se tourne en ignorance, et l'ignorance dans l'amour nuit à celui qui aime et trompe celui qui est aimé.

J'aime les fils de mon pays, étant éveillé; et l'éveil dans l'amour ne porte pas le ghazel comme habit, ni la louange comme parure.

J'aime mon pays, en réfléchissant, car la réflexion dans l'amour ne suppose pas le badinage au sujet de la douceur dans la taille de la bienaimée, ni de la quantité de kohol (*kuḥl*) dans ses paupières.

J'aime mon pays et les enfants de mon pays, et il n'y a rien dans mon amour qui inspire la passion et la séduction, plutôt il y a là une force douce, simple, qui ne change pas, qui ne varie pas d'aspect et ne demande rien pour elle-même».

N'est-ce point une leçon djubrānienne exquise, concernant la vie dans l'amour; et, comme toujours, il ne veut pas laisser se développer ses réflexions, sans nous donner un exemple vivant, tiré de sa vie, pour rendre ses idées encore plus plastiques, et laisser atteindre le maximum de lecteurs, en racontant un incident touchant une dame qui l'a reçu dans sa maison, et un portrait fait d'elle par un peintre quelconque:

«J'ai visité[339] une maison imposante dans cette ville, et, lorsque je suis entré dans la grande salle de réception, m'a attiré l'attention le portrait d'une femme accroché au mur. Et l'on m'avait dit qu'il était le portrait de la maîtresse de la maison. Là je me suis dit: 'combien le peintre, qui l'a peint, était menteur, et combien la femme qui l'a acheté était sotte'; je me suis dit cela, parce que le visage de la maîtresse de la maison était ridé, sec, perturbé dans ses significations; alors que la face du portrait

339 Ibid., 46, 3 d'en bas -47, 11.

était belle, douce, harmonieuse dans ses lignes, exempte de tout défaut. Lorsque j'ai interrogé la propriétaire du portrait au sujet de son peintre, elle set mit à le louer et à s'ingénia à faire l'éloge de son génie.

En sortant de cette maison je me suis dit: combien le travail de ce peintre ressemble à l'amour de beaucoup de gens pour leur patrie et pour les enfants de leur patrie – ces gens qui ne peignent leur patrie qu'avec des des lignes de gloire et des couleurs de vertu, et ne mentionnent les enfants de leur pays qu'avec des louanges et des louanges outrées.

Et j'ai appris que ce peintre a obtenu 10.000 *riyāls* pour son mensonge artistique; que gagnent alors ces 'patriotes' qui mentent à eux-mêmes, à leurs gens et à Dieu».

On peut imaginer l'amertume qui se cache derrière de tels mots, et sa déception de voir l'art détourné de sa fonction purement artistique, pour donner dans le mercantilisme. Et l'on sait combien lui a dû lutter, pour surmonter les misères de ce monde, avant d'arriver à une certaine stabilité financière, surtout après la publication de son livre «The Prophet». L'article se termine, en revenant sur des exhortations similaires à celles qui ont précédé cette histoire. Ecoutons-les:

«L'amour de la patrie[340] est un sentiment naturel chez l'homme; si la sagesse s'allie à ce sentiment, celui-ci se transforme en vertu céleste, mais s'il s'entoure de prétention et de vantardise, il tourne en vice laid qui nuit à son homme et fait du tort à son pays.

Donc aimons notre pays, en sachant son abaissement et sa défaite.

Aimons les enfants de notre pays, en comprenant leur apathie.

340 Ibid., 47, 12 jusqu'à la fin du texte.

Aimons notre mère malade, et aimons-nous les uns les autres faibles et dispersés.

Aimons dans la lumière, quoique la lumière puisse faire apparaître comme défauts et mauvais côtés. Car celui qui aime dans les ténèbres ressemble à la taupe qui creuse un passage souterrain dans une nuit éternelle».

Langage plus que religieux, où les formes verbales à l'impératif remplacent le discours personnel à la première personne: opposition admirable entre son «j'aime» et entre «aimons». Son JE doit entraîner les autres derrière lui; n'est-ce point là la fonction du poète dans son peuple, que nous avons vue plus haut?

8.2- Nous voyons par de tels textes quels contours revêt la vision religieuse de l'auteur, d'autant plus qu'ils sont accompagnés par l'escorte inébranlable de l'activité et de l'amour, qui forment l'essence de toute religion céleste. Un passage d'un chapitre intitulé *Ḍamīr al-wudjūd* (conscience de l'existence)[341] résume cela en un *credo djubrānien*:

«Moi je crois en Dieu,[342] et Dieu est, selon ma conviction, la conscience de tout être absolu, qui garde dans sa nature céleste l'essence de ce qui monte vers lui des performances de la nature, des nations et des individus».

341 Ibid., 69-70.
342 Ibid., 69, 8-9.

VII- Les appels aux réformes: Djubrān et la Renaissance arabe moderne.

Le genre d'appels, qu'on a vus dans le chapitre précédent, Djubrān le multiplie, le plus il se sent menacé, le plus il se sent accablé par la vie. Je choisirai, dans un premier volet, quelques textes qui reprennent parfois une idée déjà étudiée, ou insistent sur sa valeur sur le plan des réformes sociales ou culturelles, avant d'aborder, dans un second, les problèmes de la Renaissance arabe moderne. De telle sorte que nous avons dans tous ces chapitres des idées qui se complètent, élargissant pour ainsi dire le champ de la perspective de l'auteur, qui veut atteindre la société en général, la réveiller, lui servir de guide. Naturellement il y a des différences marquantes entre les cercles auxquels s'adressent ces appels: les orientaux installés dans le milieu américain n'ont pas le même poids dans ce domaine que leurs compatriotes en Orient, qui ne lui inspirent pas le même espoir vital, la même confiance, concernant l'avenir des pays arabes. C'est pourquoi, je dois insister sur cet aspect, car il y a assez de passages où il réprimande sévèrement des côtés pervers, corrompus dans la société orientale, côtés dont on a eu la description d'ailleurs dans les chapitres précédents. Ce n'est pas là le but de ce chapitre; il consiste plutôt à mettre en exergue une volonté ténace chez Djubrān, qui veut de l'activité et lutte en faveur de l'élan, du développement constructeur et de la société et de la culture dans cette société, qui de toute manière ne peut se passer de culture sans se disloquer et périr. De là la dynamique particulière de ces textes choisis ici, qui corroborent sa vision du rôle du poète, comme élément vital dans la marche en avant dans la société.

A - Réflexions générales sur l'esprit vivant et entraînant aux réformes.

1- Un texte particulièrement beau, intitulé *Ayyuhā l-shābb al-sūrī,* (ô jeune homme syrien)[343] servira d'abord comme introduction aux idées réformatrices que l'auteur attend d'une Renaissance arabe moderne. Malgré la ressemblance extérieure avec *Yā akhī l-sūrī*[344] du chapitre précédent, il est entièrement différent dans la portée et l'ampleur de ses vues:

«Est-ce que tu t'es posé la question,[345] ô jeune homme syrien, si tu appartiens aux enfants d'hier ou à ceux de demain?

T'es-tu isolé, scrutant l'intérieur de ton âme, posant des questions à ses fonds cachés, pour savoir si elle marche comme une prisonnière, qui tire ses liens dans le cortège du passé, ou si elle va, comme l'être libre, d'un pas ferme et la tête haute, dans le cortège de l'avenir.

Habites-tu dans la maison immatérielle, que tes pères et tes grands-pères ont construite, ou alors efforces-tu de construire avec zèle une demeure pour tes fils et petits-fils?

Appartiens-tu à ceux qui vivent dans le monde du souvenir, ou à ceux qui vivent dans le monde des désirs?

Ton imagination te conduit-elle au village, dans lequel tu es né, pour te voir avec des garçons qui jouent sur les places publiques, de sorte que tu t'écries en toi-même, en disant (que ces jours, qui ne vont plus du tout revenir, étaient beaux); ou ton imagination te porte-t-elle vers la Syrie nouvelle, pour te voir toi-même comme l'un des hommes qui servent leur nation avec la force de leurs raisons, ou avec la noblesse de leurs âmes, ou avec l'énergie de leurs bras?

---

343 Djubrān, *Nuṣūṣ khāridj al-madjmūʿa*, 98-101.

344 Ibid., 79-81.

345 Ibid., 98, 1 sqq.

Es-tu de ceux qui lisent les nouvelles des anciens – et la majorité de celles-ci est falsification sur falsification – croyant[346] voir qu'ils étaient arrivés à toutes les perfections humaines, et qu'avec leur disparition ont disparu tout mérite, pouvoir, noblesse et haute ambition?

Ou appartiens-tu à ceux dont Dieu a éclairé la vue, de telle sorte que tu sais que les actes accomplis par le passé n'étaient que des marches, l'une plus haute que l'autre, sur lesquelles tu grimpes jusqu'où se trouvent le vrai développement et la vraie connaissance?

Dis-moi, ô jeune homme syrien, dis-moi à quoi tu penses, et de quoi tu rêves dans ta solitude? Pleures-tu le passé, ou es-tu rempli d'un désir ardent pour l'avenir?

Te déplaces-tu, sans le savoir, entre les tombes de ceux qu'a ensevelis la terre, ou nages-tu au-dessus des troupes des âmes qui ne sont pas encore nées?

Te considères-tu comme une fin d'une affaire qui a eu lieu, ou plutôt comme un début pour une qui aura lieu?

Qui sont, peux-tu me le dire, les héros de tes rêves et les fiancées de tes souhaits?

T'es-tu posé la question, à l'heure qui s'écoule entre la somnolence et le sommeil, qui, parmi les hommes de l'histoire, mérite davantage ton admiration, et qui d'entre eux est plus proche de ton amour et de ton respect? . . .

Si tu admires Napoléon, tu appartiens aux enfants d'hier, car Napoléon est une collection curieuse, qui ne se trouve pas réunie dans une autre personne, ni avant ni après lui; il n'a rien fait de grandiose pour l'avenir; et la bataille de Waterloo était un linceul et un tombeau pour tous ses buts et ses désirs. Et ce grand pouvoir, qui a passé vingt années à l'élever sur une colline de crânes, a chuté par terre et a disparu en un seul jour.

---

346 Ibid, 99, 1 sqq. C'est avec ce mot que commence la page.

Et si tu es épris de Washington,[347] tu appartiens aux enfants de demain; car, même si Washington n'était pas un militaire phénoménal, ni un génie de l'esprit, comme Napoléon, il a quand même mis le fondement du plus grand et plus noble bâtiment social devant la face du soleil.

Raconte-moi, ô jeune homme syrien, ton opinion concernant ton pays?

Si tu fais partie de ceux qui ne peuvent se souvenir de leurs patries, sans chanter les gloires des nations qui ont conquis la Syrie et régné sur elle, tu es alors une caverne, qui répète l'écho de vieilles chansons, et pas une voix vivante, qui monte vers le ciel et s'agite avec le vent. Et si tu appartiens à ceux qui contemplent l'avenir, à travers les nuages du présent, et voient la Syrie comme un pays prospère et les syriens comme une nation libre, vivante, énergique, qui marche indépendante, seule, sans s'appuyer sur une béquille, alors tu es l'un des enfants de l'avenir, qui aideront la Syrie à réaliser ses espoirs et ses désirs.

Raconte-moi, ô jeune homme syrien, raconte-moi ta doctrine religieuse. Es-tu de ceux qui mélangent l'expérience spirituelle avec l'illusion, de telle sorte qu'ils s'éloignent de la première, en s'éloignant de la seconde, et renient la vérité, en abhorrant ce qui s'y est collé comme légendes. A ce moment-là, tu es des enfants du passé, des sourds, qui ne distinguent pas (la différence) entre le coassement des grenouilles et le chant du rossignol.

Et si tu appartiens à ceux que la vie a favorisés, en leur montrant que les traditions et les légendes sont des produits de la terre, qu'elles sont donc périssables, et que la religion appartient au domaine des fruits de ce qui enflamme le désir spirituel et qu'elle est éternelle. Alors, tu es des enfants de l'avenir, qui se dirigent vers le lieu de pélerinage de la vérité, sur les voies de l'honneur et de la vertu.

---

347 Ibid., 100, 1 sqq.

Dis-moi, ô jeune homme syrien, dis-moi quelle opinion as-tu de la science et de ses gens? Si tu comptes du côté de ceux qui rangent les mots retentissants les uns vis-à-vis des autres, et se tiennent sur les chaires, pour bourrer les oreilles des gens avec des bribes de connaissances superficielles, ramassées d'entre les murs des écoles, là tu fais partie des bébés du passé, qui ne savent pas reconnaître les bulles brillantes, qui[348] se forment un moment sur la surface de l'eau puis disparaissent, et les étoiles qui vont avec calme et majesté dans la coupole bleue. Et si tu te ranges du côté de ceux qui comprennent par instinct que la science est par les (bonnes) mœurs, dans les mœurs et des mœurs, à ce moment-là, tu es des enfants de demain, chez lesquels les lumières et les ténèbres ne s'équivalent pas.

Dis-moi, ah dis-moi, ô jeune homme syrien, si tu appartiens aux enfants d'hier, afin qu'on te pleure vivant, ou si tu appartiens aux enfants de demain, afin qu'on te salue comme un frère vivant».

2- Cette idée de l'appartenance à deux mondes en opposition, celui d'hier, endormi, affaibli, incapable de productivité, de créativité, et un autre moderne, plein de dynamisme et d'éveil, revient d'une manière saisissante dans le chapitre *al-ʿAhd al-djadīd* (la nouvelle époque) de son livre *al-Badāʾiʿ wa-l-ṭarāʾif*,[349] qui peut servir encore mieux que les précédents d'introduction aux idées du numéro suivant, sur la Renaissance arabe moderne. L'auteur commence par affirmer qu'il y a aujourd'hui en Orient «deux idées en lutte: une vieille et une moderne. L'idée vieille sera vaincue, parce qu'elle a des forces épuisées et un enthousiame relâché». Les images se succèdent, s'évertuant à décrire cette dualité en conflit, dans des situations sociales multiples:

«En Orient il y a un réveil qui essaie de vaincre le sommeil, et le réveil sera vainqueur, car le soleil est son commandant et l'aube son armée... Dans l'air de l'Orient il y a des secousses

348 Avec ce mot commence la nouvelle page, ibid., 101, 1 sqq.

349 *Al-Muʾallafāt al-kāmila*, I, *al-Badāʾiʿ wa-l-ṭarāʾif*, 557-560.

vivantes, qui grandissent, s'étendent, prennent de l'espace, saisissent les âmes éveillées et sensibles, pour les joindre à elles, et entourent les cœurs fiers et sensibilisés, pour les gagner à elles.

L'Orient a deux maîtres: un qui ordonne, défend et se fait écouter, mais il est un vieillard qui se meurt, et un autre silencieux, de par le silence des lois et des systèmes, calme de par le calme de la vérité, mais il est un colosse, aux bras musclés, et il connaît son énergie, a confiance en lui-même et croit en sa valeur.

En Orient il y a aujourd'hui deux hommes: l'un est celui d'hier et l'autre celui de demain; lequel des deux es-tu, ô Orient?

Approche-toi de moi, afin que je t'examine et m'assure de tes traits et de ton apparence, si tu es appartiens à ceux qui s'avancent vers la lumière, ou plutôt à ceux qui se dirigent vers l'obscurité.

Viens et dis-moi ce que tu es et qui tu es».[350]

Et il continue plus loin, après avoir donné quelques exemples à ces deux catégories: «Je dis[351] qu'il y a en Orient deux cortèges: un cortège de vieux, aux dos courbés, marchant appuyés sur des béquilles non droites, et haletant d'épuisement, bien qu'ils descendent des hauteurs vers les régions basses; et un autre cortège de jeunes qui courent, comme si leurs pieds étaient portés par des ailes, qui jubilient,[352] comme si leurs gorges contenaient des cordes d'instruments musicaux, et dépassent avec légèreté les côtes abruptes, comme si dans les versants des montagnes il y avait une force qui les attirait et une magie qui leur fascinait les têtes.

De quel groupe fais-tu partie, ô oriental, et dans quel cortège marches-tu?

---

350 Ibid., 557, 1 sqq.

351 Ibid., 559, 3 d'en bas sqq.

352 A partir de ce mot, v. ibid., 560, 1 sqq.

Demande donc à ton âme et questionne-la dans le calme de la nuit, alors qu'elle s'est réveillée des tranquillisants de son milieu, si elle est des esclaves d'hier ou des libres de demain.

Je te dis que les enfants d'hier marchent dans le convoi funèbre de l'époque qui les a fait naître, et à laquelle ils ont donné naissance. Je dis qu'ils tirent une corde, dont les fils ont été affaiblis par les jours; sitôt qu'elle se coupe – et bientôt elle se coupera – celui qui s'y accroche est précipité dans le gouffre de l'oubli. Je dis qu'ils habitent des maisons qui menacent ruine, et si la tempête soufflait – et elle est sur le point de souffler – ces maisons s'écrouleraient sur leurs têtes et leur serviraient de tombeaux. Je dis que leurs pensées, leurs mots, leurs tendances, leurs écrits, leurs divans et toutes leurs actions accomplies ne sont que des chaînes qui les traînent par leur lourdeur, et ils ne pourront même pas les traîner à cause de leur faiblesse.

Quant aux fils de demain, ce sont eux que la vie a appelés, et ils l'ont suivie, à pas fermes et les têtes hautes. Ils sont l'aube d'une nouvelle ère; ni la fumée ne voile leurs lumières, ni le bruit des chaînes n'étouffe leurs voix, ni la puenteur des marécages ne l'emporte sur leurs bonnes odeurs. Ils forment un petit groupe, parmi d'autres innombrables groupes, mais il y a dans la branche fleurie ce qu'il n'y a pas dans une forêt desséchée, et dans un grain de blé ce qu'il n'y a pas dans une colline de paille. Ils sont une catégorie ignorée, mais ils se connaissent les uns les autres, et comme des sommets élevés ils se voient les uns les autres, et les uns écoutent les appels des autres et ils se parlent les uns les autres; alors que les cavernes sont aveugles et ne voient pas, et sourdes et n'écoutent pas. Ils sont le noyau que Dieu a jeté dans un champ quelconque, mais qui a percé son écorce par la force de son intérieur, s'est balancé en plante fraîche devant la face du soleil et qui se développera en arbre géant, dont les racines s'étendront vers le cœur de la terre et les branches vers les profondeurs du ciel».

B - Djubrān et la Renaissance arabe moderne.

3- Dans tous les paragraphes des textes précédents résonne un seul chant à l'oreille: vive la vie vivante, active, constructive, qui érige une œuvre valable, solide, utile au développement de la société. Une véritable obsession de l'auteur. Et là on a l'audace de prétendre qu'il est un instrument desctructeur de quelque chose d'important, dans la structure de la vie sociale. Pour apporter encore quelques preuves de plus, en faveur de son engagement extraordinaire pour un avenir solide, harmonieux dans ses structures, sans perte d'identité, je me propose de passer à un autre texte, amené par al-Qawwāl, sous une rubrique intitulée *Istiftā'*, qui est un entretien avec la revue *al-Hilāl*, sous le titre: *Ra'y Djubrān fī nahḍat al-Sharq al-ʿarabī*[353] (l'opinion de Djubrān concernant la Renaissance de l'Orient Arabe). Cette interview fait partie d'un ensemble d'entretiens, que la revue a menés en 1923 avec plusieurs grands écrivains, concernant la Renaissance arabe moderne:

«Question:[354] Croyez-vous que la Renaissance des régions arabes est assise sur un fondement solide, qui lui garantisse l'existence, ou s'agit-il plutôt d'une effervescence temporelle, qui ne tardera pas à se calmer?

(Djubrān) à mon sens ce que nous considérons comme Renaissance dans les contrées arabes n'est pas plus qu'un écho faible de la civilisation occidentale moderne, ceci parce que cette Renaissance bénie n'a rien inventé d'elle-même, et que rien n'est sorti d'elle portant sa marque propre, ou colorée de sa couleur propre. Et l'éponge, qui suce, de son extérieur, l'eau et se gonfle un peu, ne devient pas (pour autant) une source d'eau vivante. Quant à celui qui voit dans l'éponge une source, il a plus besoin d'un ophtalmologue et de ses médicaments que de l'auteur de cet article et de ses vues sur la société.

---

353 Djubrān, *Nuṣūṣ khāridj al-madjmūʿa*, 235-244.

354 Ibid., 235, 1 sqq.

L'Orient en entier, cet Orient étendu depuis l'Océan jusqu'à l'Océan, est devenu une grande colonie pour l'Occident et les occidentaux. Alors que les orientaux, ces orientaux, qui louent leur passé, se vantent de leurs vestiges et s'en orgueillent des œuvres de leurs aïeux, sont devenus des esclaves, par leurs pensées, leurs tendances et leurs idéaux, pour la pensée occidentale, pour les tendances occidentales et pour les idéaux occidentaux.

Notre discussion ne tourne pas[355] autour de la question, si la civilisation occidentale est bonne ou mauvaise en soi, car la civilisation occidentale s'est arrêtée en 1914 devant la tribune du Tribunal Eternel, et est restée debout là. Et si le Tribunal Eternel devait me déléguer, pour prononcer son jugement sur elle, je le ferais et serais, dans ce que je dirais, en parfait accord avec la plupart des penseurs occidentaux.

Nous discutons maintenant la question, si les contrées arabes sont renaissantes ou non, et ce que le terme *nuhūḍ*[356]/renaissance comporte comme significations et établit comme résultats.

Si la renaissance consiste à être élève, et en ce que l'élève montre parfois comme capacité de prendre superficiellement (des connaissances), alors les régions arabes sont renaissantes.

Si la renaissance consiste à raccommoder ce qui est usé, alors les contrées arabes sont les plus dignes d'être admirées.

Si la renaissance réside dans le fait de porter un habit qui a été fait sur mesure pour un autre peuple, à ce moment-là les régions arabes ont atteint le but de leur voyage.

Si la renaissance consiste à blanchir ce qui est foncé, à enduire de chaux ce qui menace ruine et à réparer ce qui est détruit, alors les contrées arabes sont arrivées au sommet de la gloire et de la puissance.

---

355 Ibid., 236, 1 sqq.

356 *Nuhūḍ* est un substantif verbal, du verbe *nahaḍa*/se lever.

Si la renaissance réside dans le fait de regarder à travers les agrandisseurs des ignorants, pour voir la fourmille comme un éléphant, et le moucheron comme un chameau, là (on pourrait dire que) les régions arabes sont tellement renaissantes, qu'elles combattent la voie lactée.

Si la renaissance consiste à se détourner des choses nobles, parce qu'elles sont difficiles, et à s'adonner aux choses futiles, à cause de leurs facilités, alors les contrées arabes sont à l'abri des changements des temps .

Mais si cette renaissance se fait par le moyen de l'invention et de la découverte, à ce moment-là les régions arabes sont encore endormies, ceci, si nous considérons l'invention et la découverte avec les yeux de celui qui est fasciné par la civilisation occidentale, et par ce qu'elle offre comme nouvelles créations instrumentales.

Si la renaissance[357] est par l'esprit et la substance, alors l'Orient arabe est resté avec son esprit et sa substance là où il était depuis mille ans.

Si la renaissance se fait par un vrai réveil, et par ce qui l'accompagne comme connaissance intérieure et sentiment silencieux, alors l'Orient n'est pas encore renaissant, parce qu'il n'est point tombé. Les trésors qu'il a découverts, il ne les a pas perdus, mais il s'est montré aveugle à leur sujet. L'arbre de perles, qu'il a planté dans la terre sainte et qu'il a arrosé de son sang et de ses larmes, a gardé des branches fraîches et des fruits appétissants; cependant il s'en est détourné et est allé chercher l'ombre d'un autre arbre.

Si nous pouvions nous arrêter un moment au sommet de l'un des sommets de l'abstraction, passant en revue les actions des siècles écoulés, nous verrions que les renaissances des nations et leurs sauts (en avant) n'ont pas été effectués par ce qu'elles ont créé, pour une utilité personnelle, ou pour une

357 Ibid., 237, 1 sqq.

gloire limitée à leurs limites et à leurs frontières, mais plutôt par ce qu'elles ont laissé comme héritage pour les nations qui sont venues après elles, et nous saurions que la substance de l'époque, dont l'aube était à Babylone et le soir à New York, réside dans les vérités toute générales que l'homme a découvertes et établies, et qu'elle est dans la beauté absolue, qu'il a vue dans l'existence, qu'il a mise dans des formes éternelles et qu'il a plantée comme des tours dorées face au soleil. Si l'on mentionne les renaissances spirituelles, nous disons : Moïse était la renaissance d'Israël, et Moïse (lui-même) est toujours renaissant; et Bouddha était la renaissance des Indes, et Bouddha est toujours renaissant; et Confucius était la renaissance de la Chine, et Confucius est toujours renaissant; et Zarathoustra était la renaissance des perses, et Zarathoustra est toujours renaissant; et Jésus le Nazaréen était la renaissance de ceux qui n'avaient ni une nation, ni une patrie, et Jésus le Nazaréen est toujours renaissant; et Muḥammad était la renaissance des arabes, et Muhammad est toujours renaissant.

Si nous avions de l'attachement pour les littératures et les arts – et les littératures et les arts ne sont par rapport à la religion que comme le commentaire par rapport au texte – nous aurions vu les symboles de ces renaissances célestes se manifester clairement dans les Psaumes de David, dans le Livre de Job, dans les récits hindoux et les proverbes chinois, dans les sentances de ʿAlī et les théories d'al-Ghazālī, dans les mots odoriférants d'(Ibn)al-Fāriḍ et les suffocations d'al-Maʿarrī, dans la vision de Dante et les statues de Michel-Ange, dans les drames[358] de Shakespeare et les mélodies de Beethoven. Et si nous avions du désir pour les sciences expérimentales (?), nous aurions constaté que, malgré ce que détruit chaque époque de ce qu'a construit l'époque qui la précède, le peu qui en reste est et sera pour le bien de la société humaine. Mais, si nous suivons et analysons la réalité de ceux qui se sont occupés de sciences naturelles et philosophiques, de Galien à Lister,[359] d'Euclide à Einstein et de Yaʿqūb al-Kindī à Pasteur, nous trouvons que chaque individu

---

358 Avec ces deux mots commence la nouvelle page, ibid., 238, 1 sqq.
359 Baron Joseph Lister (1827-1912), chirurgien anglais.

parmi eux était un résultat établi, pour une volonté inhérente à la mentalité de son peuple, et n'a jamais été une ombre tremblotante pour une mentalité d'un autre peuple.

De ce qui a précédé ressort que les renaissances se forment par les sources et non par les ramifications, par la substance fixe et non par les accidents changeants, par ce que déploie l'inspiration des choses obscures de la vie, et non par ce que tisse l'esprit comme désirs momentanés, et par l'esprit créateur et non par l'adresse imitatrice; car l'esprit est éternel et ce qu'il montre est éternel, alors que l'adresse est faite d'écorces polies qui disparaissent et ce qu'elles reflètent sur leur surface polie n'est que des ombres qui s'évanouissent.

Et si ce qui a été avancé a une valeur fixe, il en ressort comme établi que les régions arabes ne sont pas renaissantes, si elles prennent la renaissance comme une imitation de la civilisation occidentale moderne – cette civilisation dont ses (propres) enfants sages doutent et haïssent la grande part des aspects.

Cependant, si les contrées arabes revenaient vers elles-mêmes, pour ouvrir les yeux sur ce qu'il y a dans leur nature propre comme forces, et pour se tenir pleines de respect devant leurs trésors spirituels anciens, elles seraient véritablement renaissantes, et leur renaissance serait assise sur un fondement solide, et non point sur une effervescence temporaire, qui ne tardera pas à s'éteindre.

Question: Croyez-vous que ces régions pourront s'unir et s'harmoniser, quand et par quels moyens[360], et quel rôle joue la langue dans ce processus?

C'est une question qui se rapporte à la renaissance en tant que politique, non comme renaissance spirituelle. N'empêche, voici ma réponse:

A mon avis, il n'est pas possible que les régions arabes, à notre époque-ci, trouvent leur solidarité, car la pensée européenne,

360 Djubrān, *Nuṣūṣ khāridj al-madjmūʿa*, 239, 1 sqq.

qui met la force au-dessus de la vérité et les convoitises coloniales et économiques au-dessus de toute chose, ne permettra en aucune façon cette solidarité, tant qu'elle a les armées entraînées et les tours énormes, pour détruire tout ce qui s'oppose à ses désirs, qu'ils soient coloniaux ou économiques. Et chacun de nous sait que le mot de ce romain-là «*divide et impera*»[361] n'a pas cessé d'être une base suivie en Europe. Et il est du malheur du monde, du malheur de l'Occident et de l'Orient à la fois, que le canon soit plus fort que la pensée, et la ruse politique plus efficace que la vérité.

Comment pourraient les régions arabes arriver à la solidarité, alors que le cœur d'une chacune d'entre elles bat, mais dans la poitrine d'une des capitales européennes? Comment pourraient-elles arriver à l'harmonie et à la collaboration, alors que chacune d'elles tire ses penchants en politique, civilisation et économie d'un coin lointain des coins de l'occident?

Si l'une des contrées arabes veut trouver un accord politique avec l'autre, elle doit alors prendre d'elle et lui donner. Et si elle souhaite se souder à elle administrativement, elle a à ce moment-là à la reconnaître et à se rapprocher d'elle. Et si elle désire prendre son aide économiquement, il lui incombe là de préférer les échanges avec elle à ceux avec les autres pays. L'Orient arabe a-t-il jamais compris ces données simples – simples jusqu'à la banalité?

Je dirais: il ne les a pas encore comprises.

Et j'ajouterais: il ne les comprendra pas, avant de découvrir dans son âme ce qui est plus profond et éloigné qu'elles.

Que les hommes intelligents[362] me racontent si le syrien préfère avoir affaire avec l'égyptien plutôt qu'avec l'occidental, si l'égyptien aime mieux le rapprochement du syrien plus que le

---

361 Cette locution, mise en général en relation avec les romains, est connue, cependant, sous cette forme, depuis la renaissance européenne et ramenée au roi Louis XI.

362 Djubrān, *Nuṣūṣ khāridj al-madjmūʿa*, 240, 1 sqq.

rapprochement de l'européen et si l'arabe du Ḥidjāz, du Yémen ou de l'Irak désire plus les échanges avec l'égyptien ou le syrien que les échanges avec l'occidental?

Et que les intelligents me racontent si la solidarité politique ou non politique est possible, sans la solidarité économique, plutôt sans l'indépendance économique?

Que les sages, les notables et les leaders de l'opinion publique me disent, après cela, s'ils veulent vraiment la renaissance des contrées arabes, leur solidarité et leur indépendance, alors que la plus grande part de leurs actions consiste à présenter leurs points de vue, dont la majorité est sotte et stérile, et que leurs actions en privé, leurs actes personnels et tout ce à quoi ils ont affaire, dans leur vie quotidienne, témoignent d'une diversité d'affirmations (prétentieuses) et démentissent leurs appels. Si eux mangent, cela est dans des assiettes européennes, s'ils boivent, cela est avec des verres européens, s'ils portent des vêtements, ce sont alors des vêtements européens, s'ils dorment, cela est sur des lits européens et s'ils meurent, ils sont enveloppés d'un linceul tissé dans des fabriques européennes».

Ce à quoi l'on assiste, à partir de là, touche à la tragédie, ou, pour employer une image tirée du passé biblique islamo-chrétien, à une colère similaire à celle des anciens prophètes, devant l'abandon des voies de leur Seigneur par le peuple d'Israël. Dans ces lignes qui suivent, il y a de quoi ériger toute une structure solide, réfléchie pour ce qu'il pourrait appeler une renaissance moderne, qui sauvegarde l'identité orientale, sans fissure, ni éclatement total. C'est pourquoi je tiens à amener ses mots tels quels, d'abord, sans abréviation:

«N'est-ce point comique[363] que de voir venir vers moi 'le nationaliste indépendant et le politicien consommé', pour causer avec moi des affaires des régions arabes, mais dans une langue européenne?

363 Ibid., 240, 14 sqq.

N'est-ce point tragique que de le voir m'inviter dans sa maison, afin que j'aie l'honneur de comparaître devant sa femme éduquée – éduquée dans des institutions occidentales?

N'est-ce point brisant pour le cœur que de m'asseoir à une table à manger, alors que sa gentille fille me parle des mélodies de Chopin, et que son fils cultivé répète à mes oreilles les poèmes de de Musset, comme si l'esprit, voguant avec le vent, n'avait pas implanté (les mélodies) du Nahawand, du Bayāt et du Rast dans le cœur de l'oriental, et comme s'il n'avait jamais parlé par la bouche d'al-Madjnūn, d'al-Sharīf, d'al-Raḍī et d'Ibn Zurayq.

N'y a-t-il pas, après tout cela, de quoi nécessiter la colère, que (de voir) ce «patriote indépendant»[364] me conduire dans le salon, pour poursuivre ses propos politiques et me présenter ses opinions concernant la solidarité des régions arabes, sur le plan parlementaire, et leur indépendance sur le plan administratif et économique?

Si ce nationaliste politicien, qui représente deux rôles idiots, à la fois, avait dit, avec au moins un peu d'honnêteté: 'l'Occident nous précède, et nous, nous suivons; et nous devons marcher derrière celui qui devance et monter les marches l'une après l'autre avec celui qui les monte; à ce moment-là je lui aurais dit: vous faites bien. Suivez celui qui vous dépasse, mais suivez-le en silence, et marchez derrière celui qui marche, mais ne prétendez pas que vous ne marchez pas, et montez les marches avec celui qui les monte, mais soyez fidèles à ce dernier-ci, et ne cachez pas que vous avez besoin de lui, derrière un tamis d'histoires politiques mensongères. A quoi peut vous servir la solidarité dans les affaires extérieures, alors que vous n'êtes pas solidaires dans les affaires substantielles, et à quoi sert l'harmonie dans les déclamations (prétentieuses), alors que vos actions sont contradictoires? Ne savez-vous pas que les européens se moquent de vous, lorsque la nuit vous rêvez d'harmonie spirituelle, de communauté raciale et de ligue lin-

---

364 Ibid., 241, 1 sqq.

guistique, et dès que le matin arrive, vous dirigez vos fils et vos filles vers leurs institutions, afin qu'ils étudient de leurs professeurs ce qu'il y a dans leurs livres? Ne savez-vous pas que les occidentaux vous raillent, lorsque vous témoignez votre désir pour la solidarité politique et économique, alors que vous leur demandez d'échanger les matières premières, que votre terre produit, contre l'aiguille avec laquelle vous cousez les habits de vos petits enfants, et contre le clou que vous enfoncez dans les cercueils de vos morts?

Voilà ce que je dirais à celui qui écoute, qui écoute avec un peu d'honnêteté. Ceux qui sont sourds, ceux-là qui n'écoutent même pas leur propre chuchotement, ont la grande part de ma bienveillance et de ma compassion. Quant à leur part de ma voie, elle est comme la mienne de leurs oreilles.

De ce qui a précédé ressort, mais de manière négative, ce que je crois former les meilleurs facteurs qui conduisent vers la solidarité des régions arabes, leur harmonie, plutôt vers leur indépendance... L'image positive par contre se condense en deux points: le premier est l'éducation des jeunes dans des écoles à tendance[365] purement nationale, et l'enseignement des sciences et des arts en langue arabe – car de là naissent l'harmonie spirituelle et l'indépendance psychique. Le second point est l'exploitation de la terre, l'extraction de ses biens et leur transformation, à l'aide de l'industrie orientale, en ce dont les gens ont besoin comme nourriture, habits orientaux et logements orientaux – de là résultent la solidarité économique, et ensuite l'indépendance politique.

Question: Les gens des régions arabes doivent-ils prendre les éléments de la civilisation européenne, à quelle mesure et à quelle limite doit cette prise s'arrêter?

D'après mon opinion le secret ne réside pas dans la question touchant ce que l'Orient doit emprunter ou ne doit pas emprunter des éléments de la civilisation occidentale, mais le se-

---

365 Ibid., 242, 1 sqq.

cret, tout le secret est plutôt dans ce que l'Orient peut faire de ces éléments, après les voir pris.

Il y a trois ans j'ai dit que les occidentaux avaient l'habitude dans le passé de prendre ce que nous cuisinions, de le mastiquer et de l'avaler, intégrant ce qui est bon à leur être occidental; alors que les orientaux maintenant prennent ce que les occidentaux cuisinent et l'avalent, sans qu'il soit intégré à leur être, plutôt en deviennent semblables aux européens, et c'est une situation que je crains et qui m'agace, car elle me montre l'Orient tantôt comme une vieille femme qui a perdu ses dents, tantôt comme un petit enfant entièrement sans dents.

J'ai abandonné beaucoup de mes idées à travers les sinuosités des trois dernières années, mais cette idée-là m'accompagne toujours; et ce que je craignais et qui m'agaçait jadis, je le crains et il m'agace aujourd'hui encore. Il y a même un problème qui suscite plus de peur et de désespoir: c'est que, de nos jours, l'Europe imite l'Amérique et suit ses pas, alors que l'Orient arabe imite l'Europe et se dirige d'après elle. Je veux dire que l'Orient arabe est devenu imitateur des imitateurs et ombre des ombres. Je veux dire[366] que l'éponge est devenue telle qu'elle n'absorbe de l'eau que ce qui s'infiltre en elle d'une autre éponge, et ceci est le dernier degré de la faiblesse et du recours aux autres, plutôt c'est le dernier degré de l'idiotie et de l'aveuglement, car les orientaux n'ont pas besoin de mendicité, de plus, de mendicité de celui qui mendie (lui-même).

Si l'Orient avait été capable de prendre ce qu'il ignore, sans que ce qu'il prend se tourne en poison mortel pour ce qu'il connaissait, j'aurais été le premier à pousser vers cet emprunt. Et si l'oriental avait pu emprunter ce dont il a besoin, sans faire de l'emprunté un tombeau pour ce qui avait eu lieu chez lui, j'aurais été un des approbateurs de l'emprunt, de la transmission et de l'imitation; mais j'ai contemplé et constaté que le naturel créateur dans l'âme de l'oriental était comme une guitare aux fines cordes, avec des fonds qui se distinguent, dans leur nature,

366 Ibid., 243, 1 sqq.

de chaque autre fond de toute corde dans toute autre guitare occidentale; et l'oriental ne peut pas réunir les notes et les pauses de deux mélodies différentes, sans gâter l'une d'elle, ou les deux à la fois.

Bien des fois on écoute les gens superficiels dire: 'voilà les japonais qui ont pris la civilisation occidentale, et ils se sont développés, ont eu du succès et sont devenus à tel point puissants, qu'ils se comparent aux nations les plus grandes et les plus puissantes'.

Cependant, le Japon, selon le jugement de ses sages, de ses penseurs et de ses hommes de culture, a perdu sa propre civilisation, lorsque il s'est mis à marcher derrière la civilisation occidentale; et ils disent que le peuple japonais a perdu sa mentalité, son naturel, sa morale, ses arts, ses industries et le repos de son âme, quand il s'est mis à imiter l'Europe et l'Amérique; et ils sont d'avis que les victoires militaires étaient en réalité des défaites spirituelles écrasantes, et ils sont d'avis encore que les chars blindés, les canons et les instruments, dont ils ont appris la fabrication de l'Allemagne et des Etats-Unis (d'Amérique), ont détruit le côté beau, noble,[367] vital et utile de la civilisation japonaise, et n'ont donné comme fruits que des choses laides, hideuses, des manières de renard et de la stupidité.

En Orient, dans notre vieille demeure, il y a des trésors, des reliques et des choses rares innombrables, mais ils sont dans un état désordonné, entassé et voilé par une couche de poussière. Et il est connu que les occidentaux connaissent parfaitement l'art de mettre en ordre, à tel point qu'ils sont arrivés à ses plus hauts degrés; ainsi, s'ils ordonnent leurs défauts, ceux-ci apparaissent comme s'ils avaient été des côtés beaux et imposants; et s'ils mettent en ordre leurs côtés beaux, ceux-ci apparaissent comme s'ils avaient été des miracles extraordinaires; s'il fallait à tout prix donc emprunter, laissons-nous emprunter des occidentaux cet art, à condition de n'emprunter rien d'autre».

367 Ibid., 244, 1 sqq.

4- Quelques réflexions d'un autre chapitre des textes d'al-Qawwāl apportent une vue similaire, concernant un renouveau, une créativité, en insistant sur des points essentiels, considérés comme *conditio sine qua non* par l'auteur. Il s'agit de *Ḥaffār al-qubūr wa-l-aḥyā'* (le fossoyeur et les vivants),[368] où l'on a un peu le genre d'interview des pages précédentes et une réponse à la question suivante de ses amis:

«Y a-t-il dans le syrien[369] une semence bonne pour la croissance, et digne d'être exploitée, et quel est le moyen de la faire croître?

Ma réponse[370] à cette question, écrit-il, est oui, et mille (fois) oui et oui. Dans le syrien il y a en effet une semence, plutôt des semences vivantes, bonnes pour la croissance, et qui méritent d'être exploitées...

Le meilleur témoin de l'existence de semences vivantes dans la nature du syrien est qu'il existe jusqu'à maintenant, devant la face du soleil, après cinq mille ans d'oppression et d'esclavage.

Cependant l'existence de semences vivantes dans de vieux greniers ne signifie pas qu'il n'y en a pas de nombreuses semences attaquées par les vers, qui ne servent à rien d'autre qu'à être brûlées.

C'est pourquoi je dis au syrien – et le lui dirai tant que je suis sur cette terre: 'ouvre, ô mon frère, les greniers de ton âme, et sauve le peu de bonnes semences des nombreuses semences pourries. Et si tu ne le fais pas dans cette génération, tu perdras les bonnes semences dans les générations suivantes, car les vers, qui en ont rongé la grande quantité, vont le faire avec la petite aussi'.

Quant à la nature de ces semences vivantes, elle ne s'est dévoilée jusqu'à maintenant que dans les quelques individus qui

368 Djubrān, *Nuṣūṣ khāridj al-madjmū'a*, 60-65.
369 Ibid., 60, 2 d'en bas sq.
370 Ibid., 61, 1 sqq.

ont quitté la Syrie, pendant que les suffocations leur coupaient le souffle. Dans la masse, par contre, ses apparences ressemblent le plus au halètement d'un petit enfant devant la vitre d'une fenêtre.

En ce qui concerne la manière de faire croître ces semences, il s'agit là d'un problème délicat, qu'un homme seul ne peut résoudre. Car sa solution dépend de l'énergie et de l'ardent désir de l'ensemble des membres, qui prennent pour eux les individus réformateurs comme yeux et comme oreilles, et ne s'arrête pas à la volonté des individus réformateurs, qui croient que les masses ont vu le jour, pour les suivre et agir d'après leurs opinions.

Le réformateur sincère ne peut servir son peuple qu'avec la volonté de son peuple, comme un médecin qui n'est capable de soigner un malade, qu'avec le consentement du malade».

Le texte tourne ensuite autour d'un dialogue entre deux personnages (ʿUbayd, qui représente l'opinion de l'auteur, et Zayd),[371] pour éclairer les données citées ci-dessus, et la valeur d'un «maître habile» pour la Syrie, «qui lui apprend et l'entraîne à devenir une nation qui se groupe autour d'elle-même, sur le plan politique et social; en d'autres mots: je veux une bonne terre pour le reste des semences bonnes, capables de croître et d'être exploitées».[372] Et le dialogue se termine par un catalogue de demandes adressées au syrien, avant que le maître étranger n'arrive dans son pays:

«ʿUbayd - voici ce que je demande du syrien...:[373]

Premièrement: Le syrien doit finir de se flatter par sa gloire passée, ses ancêtres grandioses et la terre sainte qui l'a fait naître.

Deuxièmement: Le syrien doit savoir comme il faut qu'il y a dans son être intérieur des traditions, des superstitions et des

371 Ibid., 62, 1 sqq.
372 Ibid., 64, 6 d'en bas sqq.
373 Ibid., 65, 6 sqq.

coutumes, qui ne sont plus bonnes pour autre chose que pour le cimetière.

Troisièmement: Le syrien doit avoir une parfaite connaissance que le reste des bonnes semences ne peut pas pousser sur une terre labourée par une charrue turque.

Quatrièmement: Le syrien doit savoir parfaitement que la croissance de certaines de ces semences sur la terre de l'émigration n'indique pas une spécificité noble en elles-mêmes, mais plutôt l'existence de la terre (qu'il fallait) pour les faire croître et développer.

Cinquièmement: Le syrien doit comprendre tout à fait qu'il n'a pas acquis, jusqu'à présent, ce que les sociologues appellent une vie politique, et qu'il ne l'aura qu'avec l'aide d'un état européen.

Voilà ce que je demande et espère pour mon pays et les enfants de mon pays. Si je me trompe, dites: c'est l'amour qui aveugle la vue; et si j'ai raison, dites: la fidélité est la source des miracles».

5- Djubrān et quelques contemporains. Une perspicacité bien grande, qui voulait rattacher le développement de sa patrie et des autres pays arabes à la bonne expérience des peuples évolués, culturellement et industriellement, sans oppression, ni esclavage. Car celui qui veut aider créativement doit dire la vérité, avancer une critique saine, sincère, en vue de faire avancer les choses. N'est-ce point la tâche de l'écrivain en général, et du poète en particulier, comme l'ont vue d'autres compatriotes de Djubrān, comme par exemple encore Charles Corm (1894-1963),[374] assez proche de nous, pour lequel «le poète équitable, le

---

374 Charles Corm (arabe: Shārl al-Qirm), cet autre grand poète libanais de langue française, qui, dans son admiration pour son compatriote Djubrān, lui avait dédié «La symphonie de la lumière», éd. posthume (par son fils David), Beyrouth 1973, aux Editions de la Revue Phénicienne.

vrai poète est un juge».[375] On ne peut pas lui imputer quoi que ce soit, dans ce domaine, car c'est par amour qu'il est mû, c'est l'amour qui est son Alpha et son Omega. Pour lui aussi, et pour lui à un degré immense, sont valables les titres de deux chapitres de Djamīl Djabr, dans son livre sur Corm, cité plus haut: *al-ḥubbu a'ẓamu qiyami l-insāni* et *Allāhu ḥubbun*:[376] et oui, nous sommes à l'intérieur de la mer divine, si chère aux mystiques, puisqu'en effet «l'amour est la valeur la plus sublime de l'homme», et «Dieu est amour». Notre auteur a vécu de cela toute sa vie, comme nous l'avons vu plus haut. Et il a exercé une influence sur toute une génération, à l'intérieur et à l'extérieur de son pays, comme en témoigne le même poète susmentionné, et auteur de «la Montagne inspirée», qui, dans une conférence devant l'Académie Libanaise des Beaux Arts, le 10 juin 1952, brosse un tableau du peintre et poète Djubrān des plus saisissants, montrant quelle connaissance profonde il avait de toutes les dimensions de l'œuvre de son compatriote.[377] Djamīl Djabr insiste d'ailleurs sur l'engouement de Corm pour notre auteur, et résume les côtés essentiels qui réunissent les deux poètes, sur lesquels j'aurai à revenir plus tard, mais desquels on peut pour l'instant retenir l'amour du Liban, qui nourrit au plus haut degré leurs œuvres, et les liaisons intimes entre la poésie et la peinture, entre le mot et l'image.[378] Ceci a son plein sens pour une multitude d'auteurs, comme par exemple pour Mayy Ziyāda, femme particulièrement douée, humaniste, grandement ouverte à l'Orient et à l'Occident, et qui mérite plus d'attention des arabisants chez nous, à cause de son génie de taille qui était à la base de leur correspondance, de leur admiration mutuelle et enfin de leur amour unique, à nos époques modernes. Dans sa correspondance avec lui ressort une admiration sans borne pour l'auteur *du Prophète*, qui prit ses racines après la publication du

---

375 Djamīl Djabr, *Shārl al-Qirm. Shā'ir al-Djabal al-mulham*, Beyrouth, *Manshūrāt al-Madjalla al-Fīnīqiyya*, 1995, 36, 5.
376 Ibid., 127, 7; 165, 12.
377 Ibid., 72, 8 sqq.
378 Ibid., 73-74.

livre *al-Adjniḥa l-mutakassira*:[379] une fascination culturelle et un amour sans pareil commencèrent, faisant jaillir leurs génies de plus en plus. Et si Djubrān occupait la place numéro un dans la vie de Mayy, il fut de plus en plus conquis par son goût et sa culture vaste et admira aussi l'admiration qu'elle avait pour lui.[380] Comme elle avait un salon unique dans son genre, pour une femme, au Caire, où elle a passé une bonne partie de sa vie et où elle mourut, elle faisait rayonner autour d'elle non seulement l'admiration pour son compatriote libanais au génie spécial, mais elle fit connaître sans cesse ses œuvres, en les présentant et les discutant. Ainsi elle les mit à la disposition des lecteurs arabes dans beaucoup de revues, surtout du Caire, comme *al-Muqtaṭaf* et *al-Hilāl*... On ne peut, à l'heure qu'il est, que regretter que des questions comme celles-ci n'aient pas intéressé le monde arabisant en Occident davantage, car il s'agit de relations culturelles entre de très grands représentants de la littérature arabe moderne, dont le côté général, et surtout personnel est d'une profondeur, d'un charme et d'un esprit innovateur particulier. Ces relations suffiraient à nourrir beaucoup de thèmes, sur la culture et sur la société..., qui seraient, de plus, d'une actualité indéniable.

6- Liberté et encore liberté, indépendance nationale et économique. Si Djubrān avance des idées pareilles sur la nécessité d'avoir «un maître habile», duquel il faut apprendre, cela ne signifie en rien qu'il y a là un revirement dans sa pensée. Ce dernier texte est de toute manière antérieur à l'interview sur la Renaissance qui l'a précédé, et les idées sont devenues plus nuancées, concernant l'imitation, que l'auteur ne veut en aucune façon aveugle, mais bien guidée, surtout dans le sens de l'ordre et du système, comme en témoigne la fin de l'interview susmentionnée. Aucun doute ne peut subsister là-dessus, puisqu'il est épris d'amour et de liberté, qu'il divinise jusqu'à la folie presque. Quant à l'amour pour les hommes, pour sa patrie, pour

---

379 *Al-Shu'la l-zarqā'*, éd. Salmā al-Ḥaffār al-Kuzbarī et Suhayl Bushru'ī, 9, 4 d'en bas sqq.

380 Ibid., 13, 4 d'en bas sqq.; 24, 1 sqq. etc.

l'Orient, nous en avons vu plus haut des spécimens on ne peut plus éloquents. Aussi par rapport à la liberté, qu'un passage supplémentaire d'*al-Arwāḥ al-mutamarrida* (du même *Khalīl al-kāfir*)[381] montre de manière plus qu'évidente. Il s'agit de Khalīl lui-même qui emporte un triomphe grandiose sur ses persécuteurs, et, comme mû par une force prophétique, devient le porte-parole de l'auteur et annonce ses sentences sur un ton des plus bibliques qui puissent exister dans la littérature arabe moderne, et dans une mise en scène particulièrement messianique, à l'édification de laquelle il fait participer la nature elle-même:

«Il prit la pose d'un prophète,[382] qui écoute les hurlements des siècles, et ses traits se changèrent et ses yeux se dilatèrent, comme si son âme avait vu toutes les nations de l'Orient marcher, en traînant les chaînes de la servitude dans ces vallées; alors il leva les mains vers le ciel, et, d'une voix qui ressemble au bruit des vagues, s'écria:

Du fond de ces profondeurs nous t'appelons, ô liberté, écoute-nous alors. Des coins de cette ténèbre nous élevons nos mains vers toi, regarde-nous. Et sur ces neiges nous nous prosternons devant toi, aie pitié de nous alors. Devant ton trône imposant nous sommes debout, déployant sur nos corps les habits de nos pères, tout tachetés de leur sang, couvrant nos cheveux de la terre des tombeaux, mêlée à leurs restes, portant les épées qui ont transpercé leurs foies, haussant les lances qui ont traversé leurs poitrines, traînant les liens qui ont fait périr leurs pieds, poussant des hurlements qui ont blessé leurs gorges, sortant des lamentations qui ont rempli l'obscurité de leurs prisons, priant une prière qui jaillit des douleurs de leurs cœurs; écoute, ô liberté, et exauce-nous. Depuis la source du Nil jusqu'à l'embouchure de l'Euphrate s'élèvent vers toi les lamentations des âmes, voguant avec le cri du gouffre infernal. Et des confins de la Péninsule (Arabique) jusqu'à la face du Liban se tendent vers toi les mains, tremblotantes à cause de l'agonie, et de la côte

381 *Al-Mu'allafāt al-kāmila,* I, *al-Arwāḥ al-mutamarrida,* 154-196.
382 Ibid., 191, 4 sqq.

du Golfe jusqu'aux bouts du désert s'élèvent vers toi les yeux, inondés par la fonte des cœurs. Tourne-toi, ô liberté, et regarde-nous. Dans les recoins des huttes dressées à l'ombre de la misère et de l'abaissement, on se frappe sur les poitrines, dans les cellules des maisons assises dans les ténèbres de l'ignorance et de la sottise, les cœurs sont jetés devant toi, et dans les coins des demeures voilées par le brouillard de la tyrannie et de l'oppression les esprits se tournent, pleins de nostalgie, vers toi; regarde, ô liberté, et aie pitié de nous. Dans les écoles et les bibliothèques la jeunesse désespérée t'adresse la parole, dans les églises et les mosquées te sollicite le Livre délaissé, et dans les tribunaux et les assemblées la Loi négligée implore ton secours; aie pitié de nous, ô liberté, et sauve-nous. Dans nos rues étroites le marchand vend ses jours, afin d'en donner le prix aux brigands de l'Ouest,[383] et personne n'est là pour lui donner des conseils. Dans nos champs stériles le paysan creuse la terre avec ses ongles, y sème les grains de son cœur, les irrigue de ses pleurs et n'en récolte que des épines, mais personne n'est là pour lui apprendre (à travailler). Dans nos plaines nues le bédouin marche corps et pieds nus, affamé, et personne n'a de la compassion pour lui. Parle alors, ô liberté, et donne-nous des enseignements.

Nos brebis paissent les épines et les chardons, au lieu des fleurs et des herbes, nos veaux rongent les troncs des arbres au lieu du maïs, et nos chevaux avalent la paille au lieu de l'orge. Viens, ô liberté, et délivre-nous.

Depuis le début les ténèbres de la nuit planent sur nos âmes, quand viendra l'aube alors? De prison en prison sont transportés nos corps, alors que les siècles passent devant nous, jusqu'à quand nous faut-il supporter les moqueries des siècles? D'un joug pesant à un joug plus pesant vont nos cous, pendant que les nations de la terre nous regardent de loin, se moquant de nous; jusqu'à quand allons-nous supporter d'être la risée des nations? Et de liens vers d'autres liens se dirigent nos pas, sans

---

383 Dès ce mot commence la nouvelle page, ibid., 192, 1 sqq.

que les liens ne disparaissent, ni nous soyons exterminés; jusqu'à quand alors vivons-nous?

De l'esclavage des égyptiens à la captivité de Babylone, à la rudesse des perses, au service des grecs, à la despotie des byzantins, aux oppressions des mongols, aux convoitises des européens; où marchons-nous donc maintenant, et quand atteindrons-nous le flanc de la montée raide?»

Cette série de faits historiques,[384] dont il poursuit l'énumération sur un ton tout à fait biblique, davidien, montre combien cet Orient arabe a été maltraité, alors qu'il a construit et construit, pour les autres, tant et tant de vestiges glorieux, ne cueillant pour récompense que la pauvreté et l'humiliation, afin que ces autres oppresseurs puissent profiter du travail de ses habitants, qu'ils puissent s'enrichir, qu'ils puissent consolider leurs trônes et la tranquillité de leurs cœurs... Alors que l'Orient est malmené, et divisé dans ses couches et ses confessions, que l'on suscite les unes contre les autres:

«Jusqu'à quand[385] le frère abat-il son propre frère sur la poitrine de sa mère, et jusqu'à quand le voisin menace-t-il son voisin, à côté de la tombe de la bienaimée, et jusqu'à quand la croix s'éloigne-t-elle du croissant devant les yeux de Dieu?»

Et ce passage, qui est un véritable hymne biblique, un cantique digne du poème de Schiller, à la liberté, à l'incarnation divine sous l'aspect de la liberté, se termine par une envolée sublime des plus impressionnantes que la littérature arabe n'ait jamais connues:

«Ecoute, ô liberté,[386] et exauce-nous, tourne-toi vers nous, ô mère des habitants de la terre et regarde-nous, car nous ne sommes pas les enfants de ton autre femme. Parle avec la langue d'un seul d'entre nous, car d'une seule étincelle prennent flamme les pailles desséchées. Réveille par le bruissement de tes

384 Ibid., 192, 16 sqq.
385 Ibid., 193, 6 sqq.
386 Ibid., 193, 9 sqq.

ailes l'âme d'un seul de nos hommes, car d'un seul nuage éclate l'éclair et illumine en un clin d'œil les coins des vallées et les sommets des montagnes. Dissipe par ta force ces nuages noirs, descends comme le tonnerre et détruis comme la baliste les pieds des trônes, dressés sur les os et les crânes, couverts de l'or des impôts et de la corruption, et arrosés de sangs et de larmes .

Ecoute-nous, ô liberté, aie pitié de nous, ô fille d'Athènes, délivre-nous, ô sœur de Rome, sauve-nous, ô compagne de Moïse, aide-nous, ô aimée de Mahomet, enseigne-nous, ô fiancée de Jésus, fortifie nos cœurs, afin que nous vivions, ou alors rends les bras de nos ennemis forts contre nous, pour que nous périssions, nous soyons exterminés et ainsi puissions trouver le repos».

Des mots tout clairs, qui excluent toute idée de soumission aveugle à des maîtres étrangers, d'où qu'ils viennent. Son seul motif est de développer, de créer les conditions solides pour une évolution saine, qui fait bouger les montagnes, mais qui ne brise rien dans cette nature orientale, bien au contraire lui garde une identité non disloquée, non mutilée. Il est le gardien du temple de la nation et de sa culture. C'est pourquoi il faut lui pardonner, et lui pardonner tout ce qui peut ne pas être du goût de tous. Car son diagnostic est douloureux, mais – hélas! – combien juste, le présent n'est-il après tout selon lui une combinaison d'hier et de demain: «Le jour d'hier est le souvenir d'aujourd'hui, et le lendemain en est le rêve».[387]

7.1- Confidences faites à Mayy Ziyāda sur son «The Prophet». Ainsi nous apparaît Djubrān comme un auteur toujours jeune, enivrant et soucieux du malheur de l'humanité, surtout orientale, auquel il veut apporter les remèdes efficaces, qui ont de quoi guérir, mais non sans douleur. Il est pressé, car le temps avance, et, malgré sa jeunesse, il sent ses forces fléchir devant l'épuisement corporel, qu'il éprouve de plus en plus,

387 Djamīl Djabr, *Shārl al-Qirm*, 74, 1. Phrase de Djubrān qu'al-Qirm (Corm) aimait beaucoup et qu'il avait trouvée gravée sur les cloches de la tour d'une église aux Etats-Unis d'Amérique; ibid., 73, 3 d'en bas.

devant lequel il ne veut pas capituler; c'est pourquoi il redouble d'effort, dort un minimum, pour arriver à dire plus qu'»un mot», comme il le dit dans sa correspondance plusieurs fois. En fonction de son livre *al-Nabī*, il écrit le 9 novembre 1919 à Mayy Ziyāda:

«J'ai beaucoup de chose à dire sur l'élément transparent et d'autres éléments, mais il me faut garder le silence à ce sujet. Je resterai muet, jusqu'à ce que le brouillard se dissipe, les portes éternelles s'ouvrent et l'ange du Seigneur me dise: 'parle, car le temps du silence a passé, et marche, car ton arrêt à l'ombre de la perplexité a (trop) duré'. Sais-tu quand s'ouvriront les portes éternelles? Le sais-tu? Sais-tu quand s'ouvriront les portes éternelles et quand se dissipera le brouillard?»[388]

Le poids des projets qu'il a envie de réaliser est particulièrement épuisant. Il le décrit, le 21 mai 1921, à cette même bienaimée, en des termes très clairs, et tout remplis de fraîcheur:

«Eh oui, Mayy, j'ai donné à porter à mon corps, durant les deux dernières années, plus qu'il ne peut supporter, je peignais tant qu'il y avait de la lumière, écrivais jusqu'au matin et donnais des conférences et me mêlais à toutes sortes de gens – et ce dernier travail était le plus difficile devant la face du soleil – si je m'asseyais à une table à manger, je m'occupais de la parole et de ceux qui parlaient, jusqu'à ce que l'on apportait le café, j'en prenais une grande quantité et m'en contentais comme manger et boisson. Combien de fois je suis revenu chez moi après minuit, et, au lieu de me soumettre à la loi divine dans nos corps, j'activais mon réveil par le moyen de douches froides et de café, pour passer le reste de la nuit à écrire ou à peindre – ou sur la croix. Et si j'avais été semblable à mes concitoyens du Nord du Liban, la maladie n'aurait pas eu prise sur moi, à cette vitesse. Eux sont de grande taille, fortement bâtis; alors que moi au

---

388 *Al-Shuʿla l-zarqāʾ*, 71, 1 sqq.

contraire je n'ai hérité de ces êtres robustes aucune de leurs qualités corporelles».[389]

Et dans une autre lettre, du 3 décembre 1923, il revient à son *al-Nabī*, et à sa signification dans l'ensemble des projets qu'il veut accomplir encore:

«*Le Prophète* , ô Mayy, est la première lettre d'un mot. Je me suis imaginé dans le passé que ce mot était pour moi, en moi et de moi;[390] c'est pourquoi je ne suis pas arrivé à en épeler la première lettre; et (cette) incapacité était la cause de ma maladie, plutôt elle était la cause d'une douleur et d'une brûlure dans mon âme. Par la suite, Dieu a voulu et m'ouvrit les yeux, de sorte que j'ai aperçu la lumière, puis il a voulu et m'ouvrit les oreilles, de telle manière que j'ai écouté les gens prononcer cette première lettre. Et Dieu consentit à m'ouvrir mes lèvres, de sorte que j'ai prononcé la lettre de nouveau: je l'ai répétée joyeux et content, parce que j'ai compris pour la première fois que les gens étaient eux toute chose, et que moi, avec mon être isolé, je n'étais rien. Toi, tu sais mieux que tout autre être humain ce que cela apporte comme liberté, repos et quiétude; toi, tu comprends mieux que tout autre le sentiment de celui qui se découvre subitement, en dehors de la prison de son être limité.

Et toi, ô Mayy, toi ma petite grande, tu m'aides maintenant à écouter la deuxième lettre, tu vas m'aider à la prononcer et tu resteras avec moi toujours».[391]

De là se comprend son impatience de dire, et de répéter ce qu'il a à dire: son diagnostic apparaît des plus performants que l'on puisse attendre d'un écrivain arabe: il est plein de bon sens critique, réfléchi et vibrant de souffrance, de compassion vis-à-vis de cet Orient déchiré, torturé et surtout désordonné.

7.2- L'auteur veut apporter à cet Orient de l'ordre, de l'énergie et de l'amour, avec un sens profond, exceptionnel pour

---

389 Ibid., 116, 9 -117, 4.

390 La réminiscence de tournures liturgiques dans ces mots est plus que voyante.

391 Ibid., 153, 3 d'en bas -154, 10.

une esthétique qui lui est propre, qui fait sa grandeur et dont il fait sortir les éléments de tous les côtés de la vie et de la nature. Ecoutons-le nous présenter sur une petite page *al-djamāl*[392] (la beauté), en quelques lignes, mais combien expressives, denses et riches d'expérience universelle, de couleur et de clarté plastique:

«Je suis le guide[393] de l'amour, je suis le vin de l'âme, je suis la nourriture du cœur.

Je suis une rose, j'ouvre mon cœur au bon matin et la jeune fille me prend, m'embrasse et me met sur sa poitrine.

Je suis la demeure du bonheur. Je suis l'origine de la joie. Donc je suis la source du repos.

Je suis un doux sourire sur les lèvres d'une jeune fille; lorsqu'un jeune homme me voit, il oublie ses peines et sa vie devient la scène de rêves doux.

Je suis l'inspirateur des poètes, le guide des peintres et le maître des musiciens.

Je suis un regard dans l'œil d'un petit enfant, que la mère voit, se prosterne alors, prie et glorifie Dieu.

Je suis apparu à Adam sous le corps d'Eve, et je me le suis fait esclave; et je suis apparu à Salomon, dans une mesure, et je l'ai rendu sage et poète.

J'ai souri à Hélène, et Troie est sortie; j'ai couronné Cléopâtre et la paix familière se répandit dans la vallée du Nil.

Je suis comme le temps: aujourd'hui je construis et demain je détruis. Je donne la vie et je la prends.

Je suis plus fine[394] que le soupir d'une violette, et plus violente que la tempête.

Je suis une vérité, ô gens - je suis une vérité, et ceci est autre chose que ce que vous savez».

---

392 Djubrān, *Nuṣūṣ khāridj al-madjmūʿa*, 25-26.
393 Ibid., 25, 1 sqq.
394 Ibid., 26, 1 sqq.

VIII- Djubrān apôtre d'une culture et d'une identité performantes.

Que peut-on écrire en guise de conclusion sur un auteur comme Djubrān? On est tellement pris dans son piège, qu'on n'a plus envie de le quitter. Non qu'on s'habitue à son langage, à sa manière biblique, prophétique de parler, d'argumenter. Non, il me semble qu'il subjugue par la force verbale, d'une poussée créatrice inégalable, qui envoûte, qui ensorcèle, qui entrelace à tel point qu'on n'arrive plus à pouvoir, même à vouloir le quitter. C'est un Pascal spécial, dont le verbe a une force de persuasion pénétrante, même si l'on n'est pas d'accord avec le contenu de son message. Le message reste, habillé d'une majesté solennelle et simple, d'une grandeur douce et bienfaisante. Le message de ce qui plaît à l'esprit et au cœur, immensément.

Ce livre modeste voulait faire passer ce message d'abord, par le choix de textes, réunis selon le goût personnel, autour de certaines idées maîtresses qui ont constitué un grand centre d'intérêt dans la vie de l'auteur. Ce but n'est certes pas le seul ou le principal, bien au contraire, il est subordonné à l'idée de culture et aux moyens de sa conservation. Et là ce génie très lu, et pourtant à peine connu dans certains coins du monde arabe, auquel pourtant il a voué toute sa force et que souvent son Liban si chéri représente et incarne, a parlé et parlé, sans ennuyer. Ah l'ennui![395] Et que de choses ennuyeuses inondent le marché des livres! Il a parlé, il a prononcé non seulement «la première lettre d'un mot», mais il a dit plus, il a dit des mots et des mots, sur tous les sujets touchant le passé et le présent de son monde arabe, en relation parfois avec d'autres mondes, en particulier avec l'Occident. Il a dit plus qu'il n'a laissé entendre, travaillant jusqu'à l'exténuation, pour arriver à «prononcer» plus de «mots». Un poète arabe, imbu de tradition christiano-mu-

---

395 Cf. ce que Baudelaire avait écrit sur l'ennui, Les Fleurs du mal, Spleen et idéal, Réversibilité (n° XLVII) et d'autres.

sulmane, avec une force de réception exceptionnelle, assimilant toutes les traditions culturelles, biblique, islamique et européenne, de manière esthétique, créatrice, de très haut niveau. Toujours conscient du rôle prophétique qu'il a à jouer dans sa société, qu'il veut aider à méditer sur les grandeurs d'un passé, entièrement dépassé par elle, négligé, souvent ignoré, à tort, en l'intégrant à sa vie d'aujourd'hui, qui ne peut rester sur place, parce que le bateau est en route, et qu'«on est embarqué». Intégrer, voilà le mot magique de ses conseils: intégrer tout ce qui est utile, ce qui est nécessaire et intégrable, ce qui aide à former une meilleure synthèse, constituante, équilibrante, dans laquelle l'être est un, dans tous ses éléments, à l'image de la Renaissance Européenne: celle-ci n'a-t-elle pas pris, intégré et tourné en sang et en chair en elle tout ce qu'elle a pris, de telle manière que les nouveaux éléments n'ont plus pu être rejetés, parce qu'ils sont devenus une partie substantielle de l'être! Un point essentiel dans sa pensée qu'il érige en esprit innovateur, créateur, incarné dans le poète, qui représente non celui qui fabrique des vers, de manière traditionnelle, servile, remplie de platitude et de plagiat, mais celui qui développe son héritage, le conserve en l'améliorant, le fructifiant, bref celui qui «cultive son jardin». Et l'on a vu plus haut comment il insistait sur l'activité, car «il aime parmi les gens les actifs». Et il aime d'un amour immense tous ses frères, non seulement ses compatriotes, mais aussi tous les hommes, qui lui sont semblables dans la substance humaine, dans la condition humaine, tabernacle de la substance divine incarnée. N'est-ce point la culture, dans son sens le plus large, le plus humaniste, le plus mystique du terme, qui lui permet cette attitude extraordinaire et qui permet à tout lecteur cultivé, humainement ouvert, de le prendre comme guide, et de se fier à lui?

La culture, mot magique chez lui, auquel il faut donner non seulement un sens idéel, mais aussi réel, lié au travail, à l'effort, à «la multiplication des talents», à l'*idjtihād*, dans tous les domaines, au sens traditionnel et moderne du terme: une chaîne qu'on hérite, qu'on conserve en bon état, en l'améliorant, lui remplaçant tout anneau coupé ou détruit, afin qu'elle reste une chaîne entière, en bon état, remplissant la fonction d'une chaîne; n'était-ce pas l'image qu'il nous avait donnée dans son chapitre *Mustaqbal al-lugha l-ʿarabiyya*?[396] Une culture indépendante, une productivité indépendante, car «à quoi sert cette sentimentalité qui construit une pierre d'un côté, et détruit un mur de l'autre? Qu'est-ce que c'est comme sentimentalité qui plante une rose, et déracine une forêt? Qu'est-ce que c'est comme sentimentalité qui nous fait vivre un jour, et nous tue un siècle?»[397]

Il s'agit là des orientaux qui se laissent guider par «le sentiment de reconnaissance» vis-à-vis des occidentaux, pour en arriver là. Or son œuvre insiste sur le côté destructeur d'une telle attitude sans cesse, c'est pourquoi il veut remuer, faire bouger l'esprit productif et inventif dans les pays arabes, cet esprit qui concrétise le pouvoir poétique pour lui, puisqu'en définitive le poète est derrière tout être de ce type-là:

«Je veux dire par poète tout inventeur, qu'il soit grand ou petit, tout être qui découvre quelque chose, qu'il soit fort ou faible... tous ceux qui aiment la vie abstraite, qu'ils soient guides ou mendiants et tous ceux qui se mettent, pleins de respect, devant les jours et les nuits, qu'ils soient philosophes ou gardiens de jardins...

Je veux dire par poète le cultivateur qui travaille son champ avec une charrue, qui se distingue, ne fût-ce qu'un peu, de la charrue qu'il a héritée de son père, de telle sorte que celui qui vient après lui donne à la nouvelle charrue un nouveau nom; de même ce jardinier qui plante, parmi la rose jaune et la rose rouge une troisième rose couleur orange, de manière à ce que son successeur désigne la nouvelle rose avec un nouveau nom; et ce tisserand qui tisse sur son métier à tisser un tissu avec des dessins et des lignes qui diffèrent de ceux des tissus que fabriquent les tisserands voisins, ainsi vient qui donne à son tissu un nouveau nom. Je veux dire par poète le matelot qui élève à un

---

396 V. plus haut chap. IV.
397 *Al-Muʾallafāt al-kāmila,* I, *al-Badāʾiʿ wa-l-ṭarāʾif, Mustaqbal al-lugha l-ʿarabiyya,* 549, 2 d'en bas sqq., et plus haut chap. IV.

navire à deux voiles une troisième voile, et le maçon qui bâtit une nouvelle maison à deux portes et à deux fenêtres, au milieu de maisons qui ont toutes une seule porte et une seule fenêtre; et le teinturier qui mélange les couleurs, non mélangées avant lui par un autre, pour en sortir une couleur nouvelle, de sorte que viendront après le matelot, le maçon et le teinturier qui appelleront le fruit de leur travail par des noms nouveaux, ajoutant une voile au navire de la langue, une fenêtre à la maison de la langue et une couleur à l'habit de la langue».[398]

Et le passage multiplie les exemples tirés de niveaux différents de la vie active des hommes, mettant chaque fois en exergue le caractère laid, vilain et destructeur de l'imitateur:

«Je veux dire par poète cet ascète qui pénètre dans l'autel de son âme, s'agenouille pleurant, heureux, se plaignant, jubilant, écoutant et interpellant, puis qui sort avec sur ses lèvres et sur sa langue des noms, des verbes, des lettres et des formes dérivées nouveaux, pour les formes de sa dévotion qui se renouvelle chaque jour, et les sortes de son attraction qui change d'aspect chaque nuit, de manière qu'il ajoute par le moyen de son travail-ci une corde argentée à la guitare de la langue et un morceau de bois à son foyer...

Je veux dire par poète celui-là dont l'âme, une fois qu'il a aimé une femme, s'isole et s'éloigne des voies humaines, pour habiller ses rêves avec des corps, à partir de la splendeur du jour, de la terreur de la nuit, du hurlement des tempêtes et du silence des vallées, puis elle revient tresser, à partir de ses expériences, une couronne pour la tête de la langue, et former, à partir de ses convictions, un collier pour le cou de la langue».[399]

Il y a quelques années de là, j'avais écris, dans un hommage collectif à Farid Jabre, un article intitulé «La tradition culturelle

398 Ibid., 552, 4 sqq.
399 Ibid., 553, 4 sqq.

au Liban: le plus sûr garant de la survie du pays».[400] Qu'y a-t-il de plus normal, après ce qui a été dit sur Djubrān, une des expressions les plus brillantes de cette Montagne Libanaise, que de se référer à lui dans ce contexte aussi, pour insister sur la justesse de ses propos, face aux crises qui secouent ce pays en particulier. C'est comme s'il avait eu une véritable vision et une voix prophétiques, car il s'est élévé contre la désintégration de la personnalité, la perte d'identité dans les pays arabes. Comment pouvait-on en arriver là, alors que tout était et est à la disposition des hommes d'esprit, en provenance de leur passé: une tradition scientifique performante, ouverte au monde extérieur et donc compétitive? Une tradition que chante, avec fierté certes, mais avec beaucoup de nostalgie, le chœur des auteurs, épris de culture, et que résume si élégamment Charles Corm, cet autre grand représentant de la poésie libanaise, qui était un fervent admirateur de Djubrān, auquel il a dédié sa «Symphonie de la lumière»[401]:

> «Ame de mon pays, où sont votre génie,
> Vos travaux, vos chefs-d'œuvre et vos nobles trésors,
> Où sont votre prestige et votre hégémonie,
> Où sont vos ailes d'or!
>
> Ame de mon pays, où sont donc vos richesses,
> D'où je voudrais brasser des constellations;
> Où sont les océans qui portaient vos largesses,
> et vos ambitions!
>
> Mais non, vous n'êtes pas, ma langue maternelle,
> Un cadavre échoué dans les gouffres du temps,
> Puisque j'entends monter votre sève éternelle
> et mon jeune printemps!
>
> Puisque j'entends encor chuchoter dans mon âme,
> Et sourdre du passé vos sources de cristal,

400 R.G. Khoury, La culture au Liban... In: Mélanges. En hommage au Professeur et penseur libanais Farid Jabre, 99-113.

401 Recueil publié par les soins de son fils David, Beyrouth 1973, et qui n'est pas moins remarquable et délicieux que «La Montagne inspirée».

Puisque j'entends vibrer votre haleine de flamme
Dans l'air oriental».[402]

Si je m'attarde sur cette idée, c'est qu'elle a accaparé l'esprit de notre auteur, et de toute une génération d'écrivains, de poètes après lui, comme par exemple Elie Tyane, cet autre chantre inlassable des merveilles de sa patrie:

«O Patrie
Que tu es belle ainsi! que tu es belle! ...
Et puis redresse-toi! Sois la force surgie!
Du fond de l'espace et du temps,
O rappelle, rappelle, à grands cris exaltants,
Toutes tes énergies.
Car voici l'or, la pourpre, et l'ivoire et l'encens
et les bois précieux.
Car voici le travail d'autrefois qui t'attend
innombrable et joyeux!
Et lorsque tu auras rebâti la Cité,
Tissé la soie et l'or, sculpté l'or et l'ivoire
Tu reprendras la vieille route de l'histoire
Aussi loin que tu n'as jamais été,
Jusqu'aux suprêmes promontoires
De la gloire!»[403]

Il est important de parler et de reparler de cet esprit dynamique et créateur du passé, car des pays arabes sont sortis tant et tant de courants modèles, sur lesquels la plupart des auteurs de la Renaissance arabe moderne ont attiré l'attention. Quelle force de caractère, quel zèle dans le service de la cause, des causes fallait-il dire, de ces mouvements renaissants, du développement de la langue, de la société dans son ensemble! Ecoutons ce que Cornelius van Dyck (1818- 1895), orientaliste et médecin améri-

402 Najwa Aoun Anhoury, Panorama de la poésie libanaise, 182, vers tirés de La Montagne inspirée (1934), qui voulait défendre le Liban actuel et démontrer sa continuité; ce fut un «succès retentissant», ibid., 179.
403 Ibid., 193-194, tiré de son receuil «Le château merveilleux» (1934).

cain d'origine hollandaise,[404] qui, lors de la fondation de l'Ecole Américaine (de ʿUbayh) ensemble avec Buṭrus al-Bustānī[405] (1819-1885), aurait dit: «je vais ouvrir deux écoles», parce que l'ouverture de son Ecole allait entraîner automatiquement celle de l'Ecole des Pères Jésuites, à Ghazīr près de Jounieh. De même la revue *al-Bashīr*[406] a été une réponse des Jésuites à *al-Nashra l-usbūʿiyya*[407] des Missionnaires Américains, et ne l'oublions pas l'Imprimerie Catholique des mêmes Jésuites à l'Imprimerie Américaine.[408]

Un esprit compétitif, actif tel que Djubrān l'a aimé et décrit avec tant et tant de verve. Comment oublier la connaissance des langues étrangères, «car elle est la source abondante qui a irrigué la terre de la Renaissance». Ces anciens «pionniers» du monde arabe moderne ne se sont pas laissé décourager par les entraves, mais rivalisèrent d'efforts les uns avec les autres dans tous les domaines, et abordèrent toutes questions scientifiques: «ils firent ce que nos *Mashāyikh* al-Khawāzina firent à l'époque de la féodalité et remplirent le Kisruwān[409] de couvents pour toutes sortes de nations et de confessions. Si l'un de ces *Shuyūkh* légait un bien-fonds à des moines d'une confession, un autre *Shaykh* faisait don d'une part de ce qu'il possédait à ceux d'une autre confession, ainsi la Province du Kisruwān devint comme la chambre haute de Ṣihyūn (Sion), lorsque le Paraclet y surprit les disciples qui se mirent à parler dans de nombreuses langues...»[410]

Tant et tant de groupes de la patrie de Djubrān, si chérie par lui, ont profité de ces institutions culturelles, dirigées par des organisations variées, qui ont servi de refuge à la langue arabe,

---

404 Sur lui p. ex. Ziriklī, *al-Aʿlām*, VI, Beyrouth, 1969, 77 sq.
405 Sur lui v. EI^2; Y.A. Dāghir, *Maṣādir al-dirāsa l-adabiyya*, II, 181-185.
406 Beyrouth 1871 sqq.
407 Beyrouth 1871 sqq.
408 Sur ces deux Imprimeries v. Mārūn ʿAbbūd, *Ruwwād*, 21; cf. R.G. Khoury, Bibliographie raisonnée, pp. 7, 12.
409 District de la préfecture de *Djabal Lubnān* (Mont Liban), avec Jounieh comme chef-lieu.
410 Mārūn ʿAbbūd, *Ruwwād*, 22.

«fuyant devant la tyrannie de la Turquie... Et nous en Orient, poursuit ʿAbbūd, nous sommes marqués par l'imitation et la transmission des métiers, c'est pourquoi tu vois que la science se restreint presque à des maisons et des familles, à l'exclusion d'autres. Le mot de (Yaʿqūb) Ṣarrūf[411] (1852-1927), rivalisant avec (Shiblī) al-Shumayyil[412] (1860-1917) 'chacun de nous avait l'habitude de se comparer au fils de son lieu' – c'est-à-dire à al-Shidyāq[413] (1804-1887) et à al-Yāzidjī[414] – est la plus authentique preuve de ce que j'ai dit».[415]

N'est-ce point ce Liban, ce genre de pays arabes, d'esprit arabe, que Djubrān voulait représenter? La culture a un pouvoir magique, et c'est elle qui pouvait pousser à resserrer les rangs, pour sauver, pour ressusciter les forces des bonnes volontés. Plus haut, notre auteur décrivait sa faiblesse physique à Mayy Ziyāda, par rapport à ses compatriotes du Liban du Nord, l'opposant à son énergie intellectuelle;[416] car quelle force dans ce domaine-là était sortie de ce pauvre corps, qui n'avait rien hérité de leur robustesse; l'auteur était en effet le fruit de ce pouvoir magique qui a empreint le Liban, à travers les temps, d'une couche laissée par des peuples variés, orientaux aussi bien qu'occidentaux. Mārūn ʿAbbūd, cet autre grand libanais, que S.Kh. Jayyusi qualifie, à juste titre, de «having given a most decisive service to the development of modern Arabic poetry. A man of great originality, courage, integrity and charm, he was the greatest iconoclast modern Arab criticism has known»,[417] a bien décrit ce phénomène, en des mots on ne peut mieux, qui montrent combien l'influence d'un Djubrān était forte aussi sur lui:

---

411 Sur Ṣarrūf, v. Y.A. Dāghir, *Maṣādir al-dirāsa l-adabiyya*, II, 524-532.
412 Sur al-Shumayyil, v. plus haut chap. I, n° 9.
413 Sur al-Shidyāq, v. Dāghir, ibid., II, 457-464.
414 Sur al-Yāzidjī, v. plus haut, chap. IV, le plan purement linguistique.
415 Ibid., 23. Les dates et les explications entre parenthèses sont de moi. Quant à al-Yāzidjī, il s'agit vraisemblablement de Nāṣīf (1800-1871), et non de son fils Ibrāhīm (1847-1906), trop jeune à cette époque, pour que cela puisse le concerner.
416 V. plus haut, chap. VII, n° 7.1.
417 Salma Khadra Jayyusi, Trends and movements, II, 517.

«Par cette région ont passé tous les peuples de la terre. Ils se sont combattus, puis ils sont partis, en laissant chez nous des héritages culturels, comme l'armée laisse quelque chose de son équipement. Et de toutes ces choses s'est constituée notre mentalité, de telle sorte qu'il n'y a sur terre aucune nation dont les pensées sont aussi entrelacées. Regarde, tu vois au Liban des couvents et des temples, des forteresses et des citadelles, des églises, des cathédrales et des mosquées, des amphithéatres et des stades, sur chaque cime se trouve un couvent, sur chaque colline un temple ou une forteresse et dans chaque vallée un refuge fortifié, que les attaques des avions de ce temps sont incapables de prendre. La nature a taillé pour nos ancêtres les montagnes comme maisons, et ceux-ci les ont colonisés et y ont habité, c'est ainsi qu'autour des sources d'eau se sont constitués les villes et les villages... La nature a été l'ingénieur le plus important pour cette montagne, et tous les jours elle nous déploie d'autres merveilles... Nos hommes remarquables étaient (d'abord) des transmetteurs de livres, dans le domaine de la transcription et de la traduction, ensuite ils devinrent des auteurs et des savants remarquables».[418]

Voilà un Liban «actif», tel que Djubrān s'imaginait que devait être cet «homme actif», dont il rêvait et dont il nous a laissé les images les plus poignantes. Etait-ce un rêveur? Etait-ce un antipragmatique, qui méditait sur le passé, de manière poétique, toute pleine de romantisme, comme le sentent quelques lecteurs ou auditeurs dans le monde arabe et aussi autour de moi en Europe? C'est au lecteur d'en juger, à la lumière de ce que ces pages de mon livre ont essayé de développer de lui, et sur le plan théorique et sur le plan pratique, pragmatique: un amour immensément grand pour l'humanité, pour son Orient et son Liban en particulier, et une fascination pour toute poussée culturelle qui se distingue justement par son esprit humain de grande envergure, mais aussi par une fascination qui allie d'une façon on ne peut plus harmonieuse la réflexion profonde à

418 Mārūn ʿAbbūd, *Muʾallafāt Mārūn ʿAbbūd, al-Madjmūʿa l-kāmila*, I, *Fī l-dirāsa*, 393.

l'effusion d'un sentiment extraordinaire: «une logique enflammée», mais au plus haut degré. Quel plaisir cela aurait causé à l'auteur de cette formule, le grand Pascal! Une telle voie, que l'œuvre de Djubrān nous a si éloquemment tracée, n'est pas une pure spéculation de l'esprit, mais, comme nous l'avons vu dans les pages sur le poète, la langue et la société, sur les problèmes de la Renaissance classique et moderne des arabes: une idéologie performante, basée sur les valeurs du travail actif, innovateur, c'est-à-dire sur des valeurs sûres d'*'idjtihād*, de multiplication des talents, qui intègrent harmonieusement le présent au passé, sans imitation servile, mais en assimilant tout ce qui est compatible d'être assimilé, sans distorsion, dans une indépendance nationale, aussi bien économique que politique et bien sûr culturelle. Afin que les nouvelles acquisitions se transforment en parties constituantes de l'ensemble de l'être, et ne soient donc pas différentes du propre sang et de la propre chair, donc afin qu'elles ne puissent plus être rejetées. Cela est le meilleur moyen, le seul fallait-il dire, d'avoir une identité saine et dynamique, non mutilée (telle que la décrit Daryush Shayegan et avec les conséquences qu'énonce déjà son sous-titre).[419] Une identité dans une personnalité éclairée, qui sait ce qu'est la culture en général, comme l'ont réclamé beaucoup d'auteurs arabes depuis le début de la Renaissance arabe moderne;[420] une personnalité non scindée en deux moitiés, car ces deux moitiés doivent de toute manière se compléter, sinon c'est «la catastrophe», comme l'exprime de manière si éloquente déjà le titre d'un ouvrage de Zakī Nadjīb Maḥmūd,[421] l'un des héritiers intellectuels de Ṭāhā

419 Dariush Shayegan, Le regard mutilé. Schizophrénie culturelle: pays traditionnels face à la modernité.

420 V. par exemple les pages pathétiques de Salāma Mūsā dans le chapitre: *Innī akhāfu ʿalā waṭanī*, de son livre *Mā hiya l-nahḍa,* 127 sqq., surtout 130; et plus proche de nous al-Djābirī, *al-Khiṭāb al-ʿarabī*, 6 sqq., 17 sqq., où il insiste sur la vue juste qu'ont eu les pionniers de la Renaissance arabe moderne; de plus v. aussi al-Masʿadī: *al-Sadd*, 100, où revient souvent le mot *nashāṭ* (activité, zèle etc. ce qui rejoint Djubrān), qu'il met en relation avec la foi: «*Lākinnahu lā yanshuṭu yā Maymūnatu illā l-mu'minūna*», 100, 9.

421 Zakī Nadjīb Maḥmūd, *Mudjtamaʿ djadīd au al-kāritha*, où tous les chapitres sont à lire attentivement, surtout par la jeunesse estudiantine arabe.

Ḥusayn (1889-1973). Celui-ci n'a-t-il pas fait comprendre, dans une interview à la télévision, quelques semaines seulement avant sa mort, qu'un peuple qui ignore son passé, son héritage, est un peuple sans consistance et sans support, du fait qu'il y a dans chaque être humain quelque chose de solide, «depuis longtemps, depuis très longtemps», et quelque chose susceptible de développement: il s'agit là de deux moitiés qui constituent son être; et «qui veut n'être qu'une moitié d'homme?»[422]

Il est bon de rappeler ces idées essentielles qui reviennent sous différentes formes et nuances, mais de manière constante et identique dans le fonds, à travers tout ce chemin enivrant tracé par l'œuvre de Djubrān. En ce sens notre auteur est une des figures, de tout premier plan, de la pensée arabe moderne, qu'il a marquée profondément, même si ses traces ne se font pas voir, toujours en termes clairs.[423] Grâce à sa langue particulièrement poétique, plastique et faite pour perdurer, il offre une lecture toujours actuelle, pour servir de base à des réflexions et des méditations sur les problèmes individuels et sociaux, qui intéressent les gens désireux du bien public de leurs nations, et de réformes humainement sérieuses. N'est-ce point là le meilleur moyen d'arriver au pluralisme tant souhaité par les associations de différents types à travers le monde?[424]

---

422 *Madjallat al-Kuwayt*, octobre 1974, 4-5, où l'on trouve toute l'interview en question, intitulée: *al-Lugha wa-l-adab li-l-sayyid al-Duktūr Ṭ. Ḥ.*

423 Cette influence est assez évidente chez de nombraux auteurs syro-libanais, bien sûr aussi dans l'entourage de ces deux pays. Mais qu'en est-il dans d'autres régions du monde arabe? Il serait particulièrement intéressant de voir ce qu'il en est au Maghreb, non seulement chez le poète tunisien al-Shābbī, sur lequel l'influence de Djubrān dans certains poèmes est assez claire, mais aussi chez d'autres poètes et écrivains du monde maghrébin, aussi en Egypte et ailleurs. Cet auteur merveilleux, ce grand homme du monde le mériterait!

424 Cf. à ce sujet un livre nouvellement paru: GRIC: Pluralisme et laïcité, 7-8. La notion de culture n'aurait-elle pas pu gérer admirablement bien les discussions là!

Bibliographie

ʿAbbūd, Mārūn: *Djudud wa-qudamāʾ. Dār al-Thaqāfa*, Beyrouth 1954.

—: *Muʾallafāt Mārūn ʿAbbūd. al-Madjmūʿa l-kāmila. Dār Mārūn ʿAbbūd/Dār al-Thaqāfa*, Beyrouth, 3e éd. 1978 sqq.

—: *Ruwwād al-nahḍa l-ḥadītha*. Beyrouth 1952.

Abdel-Malek, Anouar: Idéologie et Renaissance Nationale. L'Egypte moderne. Anthropos, Paris 1969.

Abou Saleh Prince, Marie-Ange: Dualité des rôles dans le passage d'une culture à l'autre: le cas du Liban. Beyrouth (Public. de l'Université Libanaise, Sect. Et. Philos. et Soc. XI) 1982.

Ait El Ferrane, Mohamed: Die Maʿnā-Theorie bei ʿAbdalqādir al-Ǧurǧānī (gestorben 471/1079) Versuch einer Analyse der poetischen Sprache. Francfort (Heidelberger Orientalistische Studien 17) 1990.

Anhoury, Najwa Aoun: Panorama de la poésie libanaise d'expression française. Dar el-Machreq, Beyrouth 1987.

Anṭūn, Faraḥ: *al-Djāmiʿa*. Alexandrie 1899 sqq. (sur lui v. D.M. Reid).

Arkoun, M./L.Gardet: L'Islam. Hier demain. Paris 1978.

Barozzi, J.: Littératures Parisiennes. Morceaux choisis de Guillaume Apollinaire à Stefan Zweig. Paris 1997.

Baudelaire, Ch.: Les Fleurs du mal. Paris (éd. Garnier) 1958.

Bénichou, Paul: Le sacre de l'écrivain. Librairie José Corti, Paris 1985.

—: Le temps des prophètes. Gallimard, Paris 1977.

Beydoun, Ahmad: Identité confessionnelle et temps social chez les historiens libanais contemporains. Beyrouth (Public. de l'Univ. Liban.) 1984.

Boudahrain, Abdellah: Nouvel ordre social international et migrations dans le cadre du monde arabe et de l'espace euro-arabe. Paris 1985.

Braks, Ghāzī: *Djubrān Khalīl Djubrān fī dirāsa taḥlīliyya tarkībiyya li-adabih wa-rasmih wa-shakhṣiyyatih.* Beyrouth, 1973, 1981.

Brockelmann, C.: GAL= Geschichte der arabischen Litteratur. 2 vol., GAL S= Suppl. I-III, Leyde 1937-1949.

Bushrui, Suheil/P. Goteh (éd.): Gibran of Lebanon. New papers. Amer. Univ. of Beirut. Beyrouth 1975. (v. aussi Djubrān, *al-Shu'la...*).

al-Bustānī, Fu'ād Afrām: *Ma' Djubrān. Manshūrāt al-Dā'ira,* Beyrouth 1983.

—: *al-Rawā'i'* (n°s 41-42): *al-Shaykh Ibrāhīm al-Yāzidjī.* Beyrouth 1965, 1967.

Chahine, Anis: L'amour et la nature dans l'œuvre de Khalil Gibran, Middle East Press, Beyrouth 1979.

Corm, Charles: La Montagne inspirée. Beyrouth 1934.

—: La Symphonie de la lumière. Beyrouth 1973.

—: 6000 ans de génie pacifique au service de l'humanité (conférence à l'occasion de la réunion de l'UNESCO, Beyrouth 7 juin 1947). Trad. arabe: Yūsuf Ghaṣṣūb/Djamīl Djabr: *Sittat ālāf sana min al-'abqariyya fī khidmat al-insāniyya.* Beyrouth s.d. (v. aussi sous Djamīl Djabr: Sharl al-Qirm).

Dāghir, Yūsuf As'ad: *Maṣādir al-dirāsa l-adabiyya.* Beyrouth 1983.

—: *Qāmūs al-ṣaḥāfa l-lubnāniyya.* Beyrouth (*Manshūrāt al-Djāmiʿa l-Lubnāniyya. Al-Dirāsāt al-adabiyya*) 1978.

Dahdah, Jean-Pierre: Khalil Gibran. Une biographie. Albin Michel, Paris 1994.

Ḍāhir, Masʿūd: *al-Hidjra l-lubnāniyya ilā Miṣr «hidjrat al-Shawām»* (avec titre français: L'émigration libanaise en Egypte. Les Chawām-s en Egypte, par Massoud Daher). Beyrouth (Public. de l'Univ. Liban., Section des Et.Histor. XXXIV) 1986.

Delanoue, Gilbert: Moralistes et politiques musulmanes dans l'Egypte du XIXe siècle. Le Caire (IFAO) 1982.

al-Djābirī, Muḥammad ʿĀbid: *al-Khiṭāb al-ʿarabī al-muʿāṣir. Dirāsa taḥlīliyya naqdiyya.* 3e éd. Beyrouth 1988.

Djabr, Djamīl: *Amīn al-Rīḥānī al-insān wa-l-kātib.* Beyrouth (*Manshūrāt al-Djāmiʿa l-Lubāniyya. Al-Dirāsāt al-adabiyya* 18) 1987.

—: *Djubrān: sīratuh, adabuh, falsafatuh wa-rasmuh. Dār al-Rīḥānī,* Beyrouth 1958.

—: Shārl al-Qirm (= Charles Corm) . *Shāʿir al-Djabal al-mulham* (=La Montagne inspirée). Beyouth 1995.

Djabr, Farīd: v. : Mélanges en hommage au professeur et au penseur libanais Farid Jabre... (v. sous Jabre, F.).

Djubrān, Khalīl Djubrān: *Al-Madjmūʿa l-kāmila li-Muʾallafāt Djubrān Khalīl Djubrān. Nuṣūṣ khāridja l-Madjmūʿa.* éd. Antoine al-Qawwāl. *Dār al-Djīl,* Beyrouth 1994.

—: *al-Muʾallafāt al-kāmila.* I. *al-Muʾallafāt al-ʿarabiyya.* II. *al-Muʾallafāt al-muʿarraba. Dār Ṣādir,* Beyrouth 1966 (éd. accompagnée d'une étude de l'écrivain libanais, ami de l'auteur, Mīkhā'īl Nuʿayma); rééd. *Muʾassasat Baḥsūn,* ibid., 1992 (avec une étude générale de l'arabisante Nāzik Sābā Yārid).

—: *Rasā'il Djubrān al-tā'ih* (éd. Riyāḍ Ḥunayn). *Mu'assasat Naufal*, Beyrouth 1983.

—: *al-Shu'la l-zarqā'. Rasā'il Djubrān Khalīl Djubrān ilā Mayy Ziyāda.* Ed. Salmā l-Ḥaffār al-Kuzbarī/Suhayl B. Bushrū'ī. Damas 1979 (Public. *Wizārat al-thaqāfa wa-l-irshād al-qaumī*). (v. aussi Bushrui, Suheil).

—: v. aussi: Das Khalil Gibran Lesebuch, Walter-Verlag, Olten (Suisse)/Friebourg (Allemagne) 1983.

—: v. aussi: Das große Khalil Gibran Lesebuch, Goldmann, Munich1992.

Djaït, Hichem: La personnalité et le devenir arabo-islamiques. Paris 1974.

Eckermann, Johann Peter: Gespräche mit Goethe in den letzten Jahren seines Lebens. München, 3e éd.1988.

EI² = Encyclopédie de l'Islam/Encyclopaedia of Islam. Leyde, nouv. éd. 1960 sqq.

Frenzel, H.A. et E.: Daten deutscher Dichtung. Chronologischer Abriß der deutschen Literaturgeschichte. 2 vol. 29e éd. dtv, Munich 1995.

Gauchet, Marcel: Le désenchantement du monde. Paris 1985.

Ghurayzī, Wafīq: *Nisā' fī ḥayāt Djubrān wa-atharuhunna fī adabih. Dār al-Ṭalī'a*, Beyrouth 1992.

Gibran, Jean and Gibran, Kahlil: Kahlil Gibran. His Life and World. New York, 1974, 1981, 3e éd. 1991.

Graf, G. : Verzeichnis arabischer kirchlicher Termini. Louvain 1954.

Grandguillaume, Gilbert: Arabisation et politique linguistique au Maghreb. Maisonneuve, Paris 1983.

GRIC = Groupe de Recherches Islamo-Chrétien: Pluralisme et laïcité. Chrétiens et Muslumans proposent. Paris 1996.

Ḥabīb, Buṭrus: *Djadaliyyat al-ḥubb wa-l-maut fī mu'allafāt Djubrān al-ʿarabiyya. Sharikat al-maṭbūʿāt li-l-tauzīʿ wa-l-nashr*, Beyrouth 1995.

Ḥamāda, Ḥusayn ʿUmar: *Aḥādīth ʿan Mayy Ziyāda wa-asrār ghayr mutadāwala min ḥayātihā. Dār Qutayba*, Damas 1983.

Ḥarfūsh, Nabīl: *al-Ḥuḍūr al-lubnānī fī l-ʿālam*. I. Jounieh 1974.

Haroun, Georges: *Šiblī Šumayyil.* Une pensée évolutionniste arabe à l'époque d'*an-Nahḍa*. Beyrouth (Public. Univ. Liban. Et. Philos. et Soc. XVI) 1985.

Haskell, Mary: Beloved Prophet. The love letters of Khalil Gibran and Mary Haskell and her private journal, réunie par Virginia Ḥulw, trad. arabe par Laurent Fāris, revue par Yūsuf Ḥaurānī: *Nabī al-ḥabīb. Rasā'il al-ḥubb bayn Mary Haskell wa-Djubrān. Maʿ Mudhakkirāt Mary Haskell.* 3 parties, *Dār al-Djarīda*, Beyrouth 1974.

Hatem, Jad: La quête poétique de Nadia Tuéni. Beyrtouth 1987.

—: (Nadia) Tuéni. Oeuvres poétiques complètes. Beyrouth 1986.

Ḥāwī, Khalīl: Kahlil Gibran: His Background, Character and Works. Amer. Univ.. of Beirut, Beyrouth 1963.

—: Kahlil Gibran. Essays and Introduction. Beyrouth 1970 (trad. arabe: Saʿīd Fāris Bāz: *Djubrān Khalīl Djubrān iṭāruhu l-ḥaḍārī wa-shakhṣiyyatuhu wa-āthāruhu. Dār al-ʿIlm li-l-malāyīn,* Beyrouth 1982).

Hourani, Albert: A History of The Arab Peoples. Londres 1991. Trad.allem. S. Fischer, Francfort 1992.

—: Arabic Thought in the Liberal Age 1798-1939. Oxford 1962, 4ᵉ éd. 1983.

—: Islam in European Thought. Cambridge 1991. Trad. allem. Gennaro Ghirardelli: Der Islam im europäischen Denken. Essays. S. Fischer, Francfort 1994.

Ḥunayn, Riyāḍ (éd.): v. *Djubrān: Rasā'il Djubrān al-tā'ih.*

Ḥusayn, Ṭāhā: v. Ṭāhā Ḥ.

al-Ḥuwayyik, Yūsuf: *Dhikrayātī ma' Djubrān. Bārīs (Paris) 1909-1910.* Recueillis et éd. Edwick Shaybūb (Shayboub), Beyrouth 1957, 1979 (trad. française par R.I. Gehchan, Beyrouth 1995, v. sous Shayboub).

Ibn Hishām, Abū Muḥammad 'Abd al-Malik: *Kitāb al-Tīdjān...* (ensemble avec *Akhbār 'Ubayd Ibn Sharya*), Ḥaydarābād 1347/1928, nouv. éd. 'Abd al-'Azīz al-Maqāliḥ, Ṣan'ā' 1979.

Ibn Sharya, 'Ubayd: *Akhbār 'Ubayd Ibn Sharya fī l-Yaman...* (publiés ensemble avec *Kitāb al-Tīdjān* d'Ibn Hishām), Ḥayarābād 1347/1928, nouv. éd. 'Abd al-'Azīz al-Maqāliḥ, Ṣan'ā' 1979.

Jabre, Farid: Mélanges en hommage au professeur et au penseur libanais Farid Jabre. Beyrouth (Public. de l'Univ. Liban. Sect. des Et. Philos. et Soc. XX) 1989

Jayyusi, Salma Khadra: Trends and movements in modern Arabic Poetry. 2 vol., Leyde 1977.

Kabā, Imīl (=Emile): *al-Ābā' wa-l-abnā' fī l-adab al-djubrānī.* Beyrouth, 1995.

—: *al-Nisā' fī l-adab al-djubrānī.* Beyrouth, 1995.

Karam, Antoine Ghattas : La vie et l'œuvre de Gibran. *Dār al-Nahār,* Beyrouth 1981 (v. aussi le titre suivant).

—: Anṭūn Ghaṭṭās (= Antoine Ghattas) : *Muhāḍarāt fī Djubrān Khalīl Djubrān.* Le Caire 1964.

—/al-Yāzidjī, Kamāl : *A'lām al-falsafa l-'arabiyya.* 4e éd. Beyrouth, 1990.

Kayrūz, Wahīb: *'Ālam Djubrān al-rassām. Madkhal ilā ab'ādih al-fanniyya.* Al-Arz Press, Beyrouth 1982.

Khālid, Ghassān: *Djubrān al-faylasūf. Sikuludjiyyat al-ʿabqarī al-marīḍ. Mu'assasat Naufal*. Beyrouth 1974.

Khoury, Paul: L'Islam critique de l'Occident dans la pensée arabe actuelle. Islam et Sécularité. 2 vol. Würzburg/Altenberge 1994, 1995.

—: Monde arabe et mutation socio-culturelle. Problématique de la sécularisarion et de la révolution culturelle. Beyrouth 1984.

—: Tradition et modernité. Thèmes et tendances de la pensée arabe actuelle. Beyrouth 1983.

—: Une lecture de la pensée arabe actuelle, trois études. Münster 1981.

Khoury, Raif Georges: Anis Moussallem: La presse libanaise. Expression du Liban politique et confessionnel et forum des pays arabes. Librairie Générale de Droit et de Jurisprudence, Paris 1977. In: Arabica, 27 (1980) 201-208.

—: Bibliographie raisonnée des traductions publiées au Liban à partir des langues étrangères de 1840 jusqu'aux environs de 1905. Paris/Mannheim (R.F.A.) 1966.

—: Der Islam. Religion, Kultur, Geschichte. Mannheim (B.I.: Meyers Forum) 1993.

—: Djabrān Khalīl Djabrān und der Islam (=Dj. et l'Islam). In: Auf dem Wege zum Dialog (Mélanges offerts à M.S. Abdullah, éd. L.Hagemann/A.Th.Khoury). Echter, Würzburg/Oros, Altenberge, 227-249.

—: La tradition culturelle au Liban: le plus sûr garant de la survie du pays. In: Mélanges en hommage au professeur et au penseur libanais Farid Jabr, Beyrouth (Public. de l'Univ. Liban. Sect. des Et. Philos. et Soc. XX) 1989, 99-113.

—: L'image dans les récits prophétiques de l'Islam (les dernières pages sur l'image chez Djabrān). In: Actes du Colloque de Strasbourg février 1994 (sous presse).

—: Poésie et prophétie en Arabie: Convergences et luttes. In: Colloque de Strasbourg «De l'oracle à la prophétie», juin 1995 (sous presse, paraîtra en 1997).

—: Ṭāhā Ḥusayn et la France. Notes bibliographiques commentées. In: Arabica, 22 (1975), 225-266.

Khulayyif, Fatḥ Allāh: *Ibn Sīnā wa-madhhabuhu fī l-nafs. Dirāsa fī l-qaṣīda l-ʿayniyya.* Beyrouth 1974.

Kuri, Sami: Une histoire du Liban à travers les archives des jésuites. (vol.1) 1816-1845. Beyrouth 1985, (vol. 2) 1846-1862. Ibid. 1991.

La Fontaine: Fables, Collection les Cent Livres, Paris 1980.

Lagarde, A./L. Michard: Les grands auteurs français du programme. Vol. I-VI, Paris 1964 sq.

Laurent, Henri: Le royaume impossible. La France et la genèse du monde arabe. Paris 1990.

—: Le grand jeu. Orient arabe et rivalités internationales. Paris 1991.

Maḥmūd, Zakī Nadjīb: *Mudjtamaʿ djadīd au al-kāritha.* 4e éd. Le Caire 1987.

—: *Humūm al-muthaqqafīn.* 2 éd. Le Caire/Beyrouth 1989.

al-Masʿadī, Maḥmūd : *al-Sudd.* Tunis 1992.

Masʿūd, Ḥabīb: *Djubrān ḥayyan wa-maytan.* São Paulo 1932, Beyrouth 1966.

Moussallem, Anis: La presse libanaise. Expression du Liban politique et confessionnel et forum des pays arabes. Paris (Bibliothèque Constitut.et de Science Polit. t. LIII) 1977.

Mūsā, Salāma: *Mā hiya l-nahḍa.* Le Caire s.d.

—: *al-Shakhṣiyya l-nādjiʿa.* 6e éd. Le Caire 1978.

—: *Tarbiyar Salāma Mūsā.* Le Caire s.d.

Nager, Frank: Der heilkundige Dichter. Goethe und die Medizin. Zurich/Munich 1990.

Naimy, Nadeem: Kahlil Gibran: His Poetry and Thought. In: Gibran of Lebanon. New papers. Ed. by Bushrui/Goteh. Amer. Univ. of Beirut. Beyrouth 1975, 31-57.

Nāṣīf, Imīl: *Dīwān al-ḥubb wa-l-ghazal.* Tripoli (Liban) 1990.

Naṣṣār, Nāṣīf: *Mafhūm al-umma bayn al-dīn wa-l-tārīkh. Dirāsa fī madlūl al-umma fī l-turāth al-ʿarabī l-islāmī.* 4e éd. *Dār Amwādj*, Beyrouth 1992.

—: *Naḥw mudjtamaʿ djadīd.* 4e éd. *Dār al-Ṭalīʿa*, Beyrouth 1981.

—: *Taṣawwurāt al-umma l-muʿāṣira. Dirāsa taḥlīliyya li-mafāhīm al-umma fī l-fikr al-ʿarabī l-ḥadīth wa-l-muʿāṣir.* 2e éd. *Dār Amwādj*, Beyrouth 1994.

Nuʿayma, Mīkhāʾīl: *Djubrān Khalīl Djubrān. Ḥayātuh, mautuh, adabuh wa-fannuh. Dār Ṣādir*, Beyrouth 1934, 5e éd. 1964.

Prince, v. Abou Saleh Prince, Marie-Ange.

Qāsim, Muḥammad: *Lughat Djubrān bayn al-tahāfut wa-l-ibdāʿ.* Tripoli (Ṭarābulus) 1983.

al-Qawwāl, Antoine (éd.): *al-Madjmuʿa l-kāmila li-Muʾallafāt Djubrān Khalīl Djubrān. Nuṣūṣ khāridj al-Madjmūʿa. Dār al-Djīl*, Beyrouth 1994.

— (éd.): *Mayy Ziyāda: Nuṣūṣ khāridj al-Madjmūʿa. Dār Amwādj*, Beyrouth 1993.

al-Qirm, Shārl: v. Corm, Charles (et Djamīl Djabr).

al-Qusanṭīnī, Nadjwā al-Riyāḥī: *al-Ḥulm wa-l-hazīma fī riwāyāt ʿAbd al-Raḥmān Munīf.* Tunis (Public. de la Faculté des Sciences Humaines et Sociales, 3/III) 1995.

Raiḥānī, v. Rihani.

Reid, Donald M.: The Odyssey of Faraḥ Anṭūn. A Syrian Christian's Quest of Seculrialism. Minneapolis/Chicago 1975.

Rihani, Albert: Where to find Ameen Rihani. Bibliography by Albert Rihani. Dedicated to Ameen Rihani on the occasion of his centenary 1876-1976. The Arab Institute for Research and Publishing, Beyrouth 1979.

Saʿd, Fārūq: *Bāqāt min ḥadā'iq Mayy Ziyāda. Sīrat Mayy Ziyāda maʿ muqtaṭafāt min turāthihā. Dār al-Āfāq*, Beyrouth, 3e éd. 1983.

Ṣāyigh, Taufīq: *Aḍwā' djadīda ʿalā Djubrān.* 2e éd. Beyrouth 1990.

Shauqī, Aḥmad: *al-Shauqiyyāt.* 4 parties en 2 vol. *Dār al-Kitāb al-ʿArabī*, Beyrouth, s.d.

Shayboub, Edvick: Gebrane K. Gebrane à Paris. Trad. de l'arabe par Roger I. Gehchan (original arabe: Y. al-Ḥuwayyik, *Dhikrayātī maʿ Djubrān*), rédigé et présenté par Edwique (sic) Chayboub (transcription française du même nom), *Mu'assasat Naufal*, Beyrouth 1979. SIEL, Beyrouth 1995.

Shayegan, Dariush: Le regard mutilé. Schizophrénie culturelle: pays traditionnels face à la modernité. Paris 1989.

Soueid, Paul: *Ibrāhīm al-Yāziğī.* L'homme et l'œuvre. Beyrouth (Public. de l'Univ. Liban. Sect. des Et. Litt. III) 1969.

Suarès, André: Goethe le grand européen. Paris 1990.

Ṭāhā Ḥusayn: *Mi'awiyyat Ṭāhā Ḥusayn. Waqā'iʿ Nadwat Bayt al-Ḥikma bi-Qarṭādj 27-28 janvier 1990. Al-Madjmaʿ al-Tūnisī li-ʿulūm wa-l-ādāb wa-l-funūn. Bayt al-Hikma*, Qarṭādj (Tunis) 1993.

al-Ṭamāwī, Aḥmad Ḥusayn: *Layla bāsima fī ḥayāt Mayy Ziyāda.* Le Caire 1996.

al-Tarābulsī, Muḥammad al-Hādī: *Djawāmiʿ al-uslūb fī adab Ṭāhā Ḥusayn.* In: *Mi'awiyyat Ṭāhā Ḥusayn* (v. là), 135-167.

—: *Khaṣā'iṣ al-uslūb fī l-Shauqiyyāt.* Tunis (*Manshurāt al-Djāmi'a l-Tūnisiyya* 6/20) 1981.

Université Saint-Esprit: L'émigration. Problème libanais? Kaslik (Liban) 1973.

Tibi, Bassam: Der Islam und das Problem der kulturellen Bewältigung sozialen Wandels. Francfort 1985.

—: Die Krise des modernen Islams. Munich 1981.

Wild, Stefan: Nietzsche and Gibran. In: Gibran of Libanon. New papers ed. by Bushrui/Goteh. Amer. Univ. of Beirut. Beyrouth 1975, 59-77.

al-Yammouni, Joseph: Gibran Khalil Gibran. L'homme et sa pensée philosophique. Editions de l'Aire, Lausanne 1982.

Ya'qūb, Imīl Badī': *Djubrān wa-l-lugha 'arabiyya.* Tripoli, Liban 1985

al-Yāzidjī, Kamāl/Karam, Anṭūn Ghaṭṭās: *A'lām al-falsafa l-'arabiyya.* 4e éd., Beyrouth, 1990.

Young, Barbara: This man from Lebanon. New York 1931, 7e éd. 1954 (version arabe de Sa'id Afif Baba. São Paulo 1953; deutsch von P. Michel, K.-F. Hörner und A. Hoffmann. Aquamarin Verlag, Grafing, s.d.).

Zayn, Ilyās: *Hidjrat al-admigha l-'arabiyya.* Beyrouth 1972.

Ziyāda, Mayy: *Bāqāt min ḥadā'iq Mayy Ziyāda. Sīrat Mayy Ziyāda ma' muqtaṭafāt min turāthihā.* Ed. Fārūq Sa'd. *Dār al-Āfāq*, Beyrouth, 3e éd. 1983.

—: *al-Mu'allafāt al-kāmila.* Ed. Salmā l-Ḥaffār al-Kuzbarī. I, II. *Mu'assasat Naufal*, Beyrouth 1982.

—: *Mayy Ziyāda: Nuṣūṣ khāridj al-Madjmū'a*, éd. Antoine al-Qawwāl. *Dār Amwādj*, Beyrouth 1993.

al-Ziriklī: *al-A'lām.* Beyrouth, 3e éd. 1969-1970.

Index général

Table des matières

Quelques ouvrages importants de l'auteur, publiés dans la Série Codices Arabici Antiqui (=CAA), Harrassowitz, Allemagne:

1- Wahb Ibn Munabbih (34 H./654-55 - 110 o. 114 H./728 o. 732). Bd. I: Der Heidelberger Papyrus PSR Heid Arab 23. Leben und Werk des Dichters. Bd. II: Faksimiletafeln. Wiesbaden: Otto Harrassowitz. 1972. 338 S. + 50 Tafeln. (CAA I) (les plus vieilles versions des Campagnes du Prophète Mahomet et de l'Histoire du roi David en Islam, avec monographie sur l'auteur).

2- Asad Ibn Mūsā (132-212/750-827): Kitāb az-Zuhd. Nouvelle édition revue, corrigée et augmentée de tous les certificats de lecture d'après les deux copies de Berlin et de Damas. Avec une étude sur l'auteur. Wiesbaden: Otto Harrassowitz. 1976. 124 S. (CAA II)

3- Les légendes prophétiques dans l'Islam depuis le Ier jusqu'au IIIe siècle de l'Hégrie. D'après le manuscrit d'Abū Rifāʿa ʿUmāra b. Waṯīma al-Fārisī: Kitāb Badʾ al-ḫalq wa-qiṣaṣ al-anbiyāʾ. Avec édition critique du texte. Wiesbaden: Otto Harrassowitz. 1978. 200 + 10 + 389 S(CAA III).

4- ʿAbd Allāh Ibn Lahīʿa (97-174/715-790) juge et grand maître de l'Ecole Egyptienne. Avec édition critique de l'unique rouleau de papyrus conservé à Heidelberg. Wiesbaden: Otto Harrassowitz. 1986. X + 359 S. (CAA IV).

5- Chrestomathie de papyrologie arabe. Documents relatifs à la vie privée, sociale et adminstrative dans les premiers siècles islamiques. Leiden: Brill. 1993, 261 S., XXXIV Tafeln. (Handbuch der Orientalistik).

6- Papyrologische Studien zum privaten und gesellschaftlichen Leben in den ersten islamischen Jahrhunderten.
Wiesbaden: Otto Harrassowitz. 1995. 260 S. (CAA V).

Achevé d'imprimer
le 6. 5. 1997
Imprimerie St. Paul
Jounieh - Liban